Geschafft: Schuldenfrei!

Tipps und Hilfestellungen

6., aktualisierte Auflage, August 2012, 35.–40.000
© Verbraucherzentrale NRW e. V., Düsseldorf

ISBN: 978-3-86336-000-9

Printed in Germany

Inhalt

Wenn Sie Schulden haben ...

... und in diesem Buch blättern, dann ist das ein gutes Zeichen. Denn das bedeutet, dass Sie nach einem Weg suchen, Ihre Schulden loszuwerden! Eines der größten Probleme von überschuldeten Menschen ist nämlich, dass sie, wenn der Schuldenberg ständig wächst, irgendwann den Mut verlieren und dem Schuldenkarussell seinen Lauf lassen.

In diesem Ratgeber bieten wir Ihnen deshalb vielfältige Hilfestellungen an: So zeigen wir zum Beispiel ganz praktisch, wie aktuelle finanzielle Schwierigkeiten angegangen werden können. Wir stellen Ihnen außerdem das »Verbraucherinsolvenzverfahren«, das auch »Verbraucherkonkurs« genannt wird, vor. Theoretisch können Sie damit innerhalb von rund sechseinhalb Jahren schuldenfrei werden. Zugegeben, ganz einfach ist es nicht. Wie dieses Verfahren funktioniert und wer Ihnen dabei hilft – das alles können Sie in diesem Ratgeber nachlesen.

In den **Kapiteln 1 und 2** finden Sie Hilfe für Ihre aktuellen Schwierigkeiten, ob nun die Bank Ihr Konto sperrt oder ob Sie sich mit einem Inkassobüro herumärgern. In den **Kapiteln 3 bis 5** geht es um das große Ganze: Wie Sie auf Dauer von Ihren Schulden herunterkommen.

Schuldnerberater wissen: Es gibt viele Menschen, die es geschafft haben, ihre Schulden loszuwerden. Auch Sie können dazugehören! Selbst wenn Ihre finanzielle Lage zurzeit noch ganz düster aussieht.

Wir wünschen Ihnen viel Erfolg – und vor allen Dingen Mut und Ausdauer!

Ganz wichtig: Die Grundregeln

1 Sie gehen Ihre Schulden an – Für jeden Schritt verdienen Sie ein Lob!

Auch wenn es zunächst albern klingt: Loben Sie sich, sooft es geht. Vielleicht haben Sie in der Vergangenheit einen Fehler gemacht. Vielleicht haben Sie sich zu viel Geld geliehen, vielleicht auch nicht richtig nachgerechnet, wie viel Zinsen Sie zahlen müssen. Oder Sie haben einem windigen Geschäftspartner zu sehr vertraut.

Vielleicht hat das Schicksal Ihnen auch übel mitgespielt – vielleicht haben Sie Ihren Arbeitsplatz verloren, haben sich von Ihrem Lebensgefährten getrennt oder sind schwer erkrankt.

Egal. Es kommt darauf an, was Sie jetzt daraus machen. Schulden abzubauen ist Arbeit. Seien Sie stolz darauf, dass Sie es anpacken!

2 Sie sind nicht allein – Mehr Menschen, als man denkt, drückt der Schuldenberg!

Weit mehr als sechs Millionen Menschen in der Bundesrepublik sind überschuldet – die meisten, ohne dass es für Außenstehende erkennbar wäre. Es ist wirklich oft schwierig, den Überblick über die eigenen Finanzen zu bewahren. Ständig werden Kredite mit neuen Namen erfunden; Giro- und Kreditkarten verlocken zum Kauf. Immer wieder kommt es vor, dass Banken nicht richtig beraten. Einige müssen sich sogar den Vorwurf gefallen lassen, dass sie versuchen, Menschen mit Schulden an sich zu binden. Glauben Sie daher bitte nicht, Sie hätten »versagt«, weil Sie Schulden haben.

Unser Rat: Machen Sie in Ihrer Familie und auch im Kollegen- und Bekanntenkreis klar, dass Sie Schulden drücken. So sollten Ihre Kollegen wissen, dass Sie nicht so ohne Weiteres zehn Euro für ein Geburtstagsgeschenk zuschießen können. Sie werden

1

sich wundern: Wenn Sie erst einmal die Karten auf den Tisch gelegt haben, werden bestimmt andere zu Ihnen kommen, die ähnliche Probleme haben!

Erst an den Vermieter, dann an die Bank zahlen!

3

Immer wieder schildern Schuldnerberater bedrückt, dass viele Menschen zuerst an die Bank denken, bevor sie sich um ihr eigenes Leben und ihre Gesundheit kümmern. Da wird wochenlang nur Brot mit Marmelade gegessen, um die Raten für die Bank zusammenkratzen zu können. Andere versuchen, bei der Miete zu sparen – und riskieren damit eine fristlose Kündigung.

Sicher sollten Sie Ihre Schulden nicht auf die leichte Schulter nehmen. Aber kein Kredit ist so wichtig, dass Sie deshalb riskieren sollten, dass Ihnen die Wohnung gekündigt oder der Strom gesperrt wird.

Dubiosen Kreditvermittlern aus dem Weg gehen!

4

»Bargeld sofort – ohne Schufa-Anfrage!« Solche Kleinanzeigen klingen verlockend. Aber tun Sie sich einen Gefallen: Lassen Sie die Finger von solchen Kreditvermittlern. Glauben Sie erfahrenen Schuldnerberatern, dass diese Geldgeber keinen Ausweg bieten. Es ist keineswegs sicher, dass Sie tatsächlich bei solch einem Kredithai Geld sehen – vielleicht schwatzt er Ihnen auch nur eine unnötige Versicherung auf. Selbst wenn Sie einen Kredit bekommen, können Sie sicher sein, dass enorme »Nebenkosten« anfallen und Ihr Schuldenberg deshalb über Gebühr anwächst. Fassen Sie sich ein Herz und gehen Sie das Problem diesmal anders an.

5 Hilfe holen!

Einen Schuldenberg abzubauen ist viel leichter mit Unterstützung einer Vertrauensperson. Das kann eine Schuldnerberaterin sein, ein Kollege aus dem Betriebsrat, eine freundliche Nachbarin oder auch der örtliche Pfarrer. Und wenn es nur darum geht, dass jemand bei der Formulierung Ihrer Briefe zur Seite steht. Je eher Sie sich Hilfe holen, umso einfacher wird es für Sie!

Aber Vorsicht: Es gibt Anbieter, die selbst an Ihrer ausweglosen Situation noch etwas verdienen wollen. Sogenannte gewerbliche Schuldenregulierer versprechen oft einfache Lösungen, verlangen viel Geld von Ihnen – und das, ohne Sie der Lösung Ihres Problems auch nur ein Stück näherzubringen. Gut zu wissen, dass die Schuldnerberatung der Wohlfahrtsverbände, Kommunen und der Verbraucherzentralen in aller Regel gebührenfrei ist. Diese Schuldnerberatung ist in jedem Fall seriös. Dort müssen Sie zwar häufig mit Wartezeiten für eine umfassende Beratung rechnen, aber das Warten lohnt sich.

Immer wenn Sie für die Beratung etwas zahlen sollen, empfiehlt es sich, sehr genau nachzufragen, welche Beträge insgesamt gefordert werden und wofür diese zu entrichten sind.

Verhandeln ist öfter möglich, als Sie denken!

6

Viele Menschen wissen nicht, wie oft Gläubiger nachgeben. Doch dafür müssen Sie verhandeln. Es kommt durchaus vor, dass danach nur noch ein Viertel der ursprünglichen Schuld abbezahlt werden muss. Oder dass eine Behörde eine Forderung niederschlägt, das heißt, die Forderung dauerhaft nicht mehr geltend macht. Dafür müssen Sie keineswegs ein ausgebuffter Verhandlungsprofi sein! Manchmal ist es zwar leichter, wenn Ihnen eine Schuldnerberatungsstelle zur Seite steht. Aber Sie können durchaus auch allein mit Verhandlungen etwas erreichen. Probieren Sie es doch einfach mal!

Lassen Sie sich nicht einschüchtern!

7

Vielleicht fällt es Ihnen leichter, Ihren Gläubigern zu begegnen, wenn Sie wissen, dass deren Verhalten Methode hat. Erst sind die Kreditsachbearbeiter die Liebenswürdigkeit in Person, aber wer in finanzielle Schwierigkeiten gerät, muss damit rechnen, herablassend und arrogant behandelt zu werden. Es gehört zum Repertoire einiger Gläubiger, Sie mit Verachtung zu strafen, durch ständige Anrufe zu nerven – oder sogar breitschultrige Herren in Lederjacken vorbeizuschicken.

Ein typischer Fehler von Schuldnern ist, diesen Einschüchterungsversuchen nachzugeben und nach der Gießkannenmethode jeweils an den zu zahlen, der am meisten Druck macht. Versuchen Sie, diesem zu widerstehen. Sie erreichen nämlich mehr, wenn Sie mit allen Gläubigern sachlich verhandeln und einen genauen Sanierungsplan ausarbeiten. Denken Sie daran: Als Ausweg bleibt Ihnen immer noch die Möglichkeit, es mit der Restschuldbefreiung durch das Verbraucherinsolvenzverfahren zu versuchen.

8 Keine Angst: Sie können nicht ins Gefängnis kommen!

Wegen Schulden ins Gefängnis – das gibt es in der Bundesrepublik nicht mehr. Lassen Sie sich also nicht ins Bockshorn jagen, wenn Ihr Gläubiger andeutet, Sie könnten verhaftet werden. Nur wenn Sie sich weigern, eine eidesstattliche Versicherung abzulegen, mutwillig Ihre Unterhaltspflichten verletzen oder andere schwerwiegende Straftaten begangen haben, können Sie verhaftet werden. Aber auch in diesen Fällen prüft der Gerichtsvollzieher oder ein Gericht vorher Ihren Fall.

9 Forderungen immer kontrollieren!

Nur weil etwas auf Papier geschrieben steht, muss es noch lange nicht stimmen. Machen Sie es sich zur Regel: Überprüfen Sie immer, ob alles seine Richtigkeit hat, bevor Sie zahlen. Vielleicht sind Sie gar nicht in der Pflicht, sondern nur Ihr (Ex-)Ehegatte? Vielleicht verlangt der Gläubiger viel zu viele Gebühren oder die Forderung ist längst verjährt?

Gerade ältere Forderungen sind oft ganz oder zumindest hinsichtlich der Zinsen nicht mehr durchsetzbar. Auch wenn Sie sich für jemand anderen mitverpflichtet oder gebürgt haben sagt die Rechtsprechung, dass dies unter bestimmten Umständen nicht wirksam ist (siehe Seite 76 Bürgschaft/Mitverpflichtung). Aktuell kommt es außerdem immer wieder vor, dass Forderungen aus Verträgen erhoben werden, die angeblich im Internet geschlossen wurden, obwohl diese Abschlüsse nicht zustande gekommen oder zumindest angreifbar sind.

Natürlich werden Sie häufig gar nicht selbst in der Lage sein zu entscheiden, ob alles seine Richtigkeit hat. Deswegen ist es äußerst wichtig, sich beraten zu lassen. Und fragen Sie bei Ihrer Verbraucherzentrale nach: Es gibt neben der persönlichen Beratung auch eine ganze Reihe von Ratgebern, mit deren Hilfe Sie sich schlau machen können (siehe auch Seite 216).

Manchmal muss man vornehm schweigen!

10

Auch wenn wir Ihnen oben geraten haben, Ihr Umfeld einzuwei-
hen, seien Sie doch mit bestimmten Informationen vorsichtig.
Sie sollten bei allen kopierten Belegen, die an die Gläubiger
gehen, Ihre Kontonummer, die Bankleitzahl und den Namen der
Bank schwärzen und das Ganze noch mal kopieren. Ihre Gläubiger sollten nicht zu viel über Sie wissen. Sonst kommen sie noch
auf die Idee, Ihr Konto zu pfänden. Auch die Namen der anderen
Gläubiger sollten Sie nicht ohne Weiteres preisgeben – es sei
denn, Sie sind im Verlauf des Verbraucherinsolvenzverfahrens
dazu verpflichtet.

Versuchen Sie, sich mit Geduld zu wappnen!

11

Sicher – das klingt leichter gesagt als getan. Erst die lange
Wartezeit auf eine Beratung. Dann der notwendige Versuch
einer außergerichtlichen Einigung, der Voraussetzung für das
Verbraucherinsolvenzverfahren ist. Und dann letztlich noch das
gerichtliche Verfahren, das, inklusive der sich anschließenden
Wohlverhaltensperiode, bis zur Restschuldbefreiung sechs
Jahre dauert. Trotzdem: Versuchen Sie es! Sie können sich Hilfe
und Unterstützung holen – aber nur Sie haben es in der Hand,
Ihre Schuldensituation wieder vollständig in den Griff zu bekommen. Die oft über Jahre angehäuften Schulden werden Sie
weder durch eine neue Umschuldung los noch werden sich diese
in Luft auflösen, wenn Sie sie nur lange genug ignorieren. Und
nicht immer müssen Sie den gerade beschriebenen Weg des
Verbraucherinsolvenzverfahrens gehen, vielleicht können Sie
sich ja auch schon vorher in Verhandlungen mit Ihren Gläubigern einigen.

1

Was tun, wenn ein Brief vom Gericht kommt?

Stichwort: Mahnbescheid/Vollstreckungsbescheid

»Ich habe da ein Schreiben vom Gericht bekommen.« – Jörg Knapp legt seiner Schwester fragend einen amtlich aussehenden Briefumschlag auf den Tisch. Darin steckt ein Formular mit der Überschrift »Mahnbescheid«. So viel hat Jörg Knapp verstanden: Das Gericht fordert ihn auf, für ein Lexikon Geld an einen Buchclub zu bezahlen. Dem Mahnbescheid liegt ein Blatt bei, mit dem er Widerspruch einlegen kann.

Seine Schwester, die in einem Anwaltsbüro arbeitet, erklärt ihm den Rest: Wenn der Buchclub von Jörg Knapp Geld eintreiben will, muss die Firma vorher bei Gericht einen sogenannten Titel erwerben. Mit dieser Urkunde kann der Buchclub zum Beispiel den Gerichtsvollzieher zu Jörg Knapp schicken. Und der weiß auf Grund des Titels: Die Forderung wird zu Recht geltend gemacht, und Zwangsmaßnahmen (»Zwangsvollstreckung«) sind jetzt erlaubt. Der Titel ist also für den Gerichtsvollzieher eine Art staatliches o. k.

Der Buchclub kann sich so einen Titel auf verschiedene Weise verschaffen. Wenn er zum Beispiel gegen Jörg Knapp einen Prozess führt und gewinnt, kann er das Gerichtsurteil als Titel benutzen. Ein Prozess kann aber dauern. Ein Gläubiger kann sich deswegen im sogenannten Mahnverfahren schon innerhalb kurzer Zeit einen Titel besorgen. Dafür muss er nur nacheinander zwei Bescheide – einen Mahnbescheid und einen Vollstreckungsbescheid – bei Gericht beantragen.

Jörg Knapp hat einen Mahnbescheid bekommen, also den ersten der beiden möglichen Bescheide. Wenn ein Mahnbescheid bei Gericht beantragt wird, kontrolliert das Gericht lediglich, ob die

Firma die Gerichtsgebühren gezahlt hat und ob die Formalien in Ordnung sind. Dann erlässt es den Mahnbescheid. Im Fall von Jörg Knapp heißt das: Das Gericht hat nicht überprüft, ob der Buchclub überhaupt berechtigt ist, Geld von ihm zu fordern!

2

Wenn Jörg Knapp die Forderung nicht für berechtigt hält, muss er innerhalb von zwei Wochen, nachdem er den Mahnbescheid erhalten hat, Widerspruch einlegen. Innerhalb dieser Frist muss das mitgeschickte Formular wieder beim Gericht sein. Wehrt sich Jörg Knapp jedoch nicht, kann der Buchclub wenig später nach dem gleichen Verfahren den zweiten Bescheid, den soge- nannten Vollstreckungsbescheid, beantragen. Diesen Bescheid kann er – auch wieder innerhalb von zwei Wochen – mit einem schriftlichen Einspruch anfechten. Diesen Brief sollte er per Ein- schreiben an das Gericht schicken.

 Wichtig!

Viele Gläubiger beantragen Mahn- und Vollstreckungs- bescheide vor allem dann, wenn sie damit rechnen, dass ihre Schuldner sich nicht wehren – und kommen damit gerade bei den Menschen durch, die sich im Dschungel der Bürokratie nicht gut zurechtfinden. Denn viele dieser Bescheide werden nur deshalb wirksam, weil sich die Empfänger nicht um die gerichtlichen Briefe gekümmert haben.

Sehr vielen Menschen sind die amtlichen Umschläge unheim- lich; sie werfen sie lieber gleich ungeöffnet weg. Oder sie »ver- gessen«, die Schreiben von der Post abzuholen, wenn sie eine Benachrichtigung vom Gericht bekommen haben. Aber sie tun sich damit keinen Gefallen. Im Gegenteil: Wer den Kopf in den Sand steckt, macht alles nur noch schlimmer.

Auch wenn es schwerfällt: Briefe unbedingt öffnen!
Wer beide Zwei-Wochen-Fristen versäumt, kann sich später kaum noch wehren. Auch wenn die Forderungen des Gläubigers

völlig überzogen sind, kann dieser mit einem rechtskräftigen Vollstreckungsbescheid das Geld durch den Gerichtsvollzieher eintreiben lassen.

Jörg Knapp hat richtig reagiert: Er hat den Brief vom Gericht geöffnet, genau gelesen und sich sofort bei seiner Schwester, die sich in Rechtsangelegenheiten auskennt, Rat geholt. Er kann mit einer Kopie seines Kontoauszugs und einer Bestätigung der Bank nachweisen, dass er das Lexikon längst bezahlt hat – und der Buchclub somit nichts mehr von ihm fordern kann. Also füllt er das Formular für den Widerspruch aus. Dieses Formular schickt er nun an das Gericht – nicht etwa an den Buchclub. Viele Schuldner schicken den Widerspruch irrtümlich an den Gläubiger. Dann aber läuft das Verfahren unerbittlich weiter, so, als hätten sie gar nichts unternommen.

Sie sollten immer dann Widerspruch oder Einspruch einlegen, wenn Sie sich sicher sind, dass zu Unrecht Geld von Ihnen gefordert wird. Der Gläubiger muss dann im Prozess beweisen, dass er eine berechtigte Forderung gegen Sie hat. Nur wenn Sie auf Grund bereits geleisteter Zahlungen Widerspruch oder Einspruch einlegen, müssen Sie diese dann gegebenenfalls im Gerichtsverfahren beweisen können.

 Ganz wichtig für Eheleute:

Häufig werden im Mahnbescheid beide als Schuldner bezeichnet, obwohl nur einer von beiden die Schulden gemacht hat. Wenn Sie glauben, nichts mit den Schulden Ihres Partners zu tun zu haben, legen Sie unbedingt Widerspruch ein oder lassen sich schnell beraten und prüfen, ob Sie für diese Schulden tatsächlich verantwortlich sind. Damit schützen Sie Ihr persönliches Vermögen vor dem Zugriff der Gläubiger.

Sie können mit Ihrem Widerspruch auch nur gegen einen Teil der Forderung protestieren. Kontrollieren Sie unbedingt die Rubrik »Zinsen«. Das gilt insbesondere für den Fall, dass Ihnen die

2

Bank den Kredit gekündigt und einen Mahnbescheid geschickt hat. Häufig ist zwar die Hauptforderung korrekt, aber die Zinsen sind überhöht. Oder: Die Hauptforderung ist berechtigt, aber es werden unzulässige Inkassokosten geltend gemacht.

Ob die Zinsen überhöht sind, können Sie anhand einer groben Faustregel überprüfen: Banken dürfen mit ihren Zinsforderungen in der Regel nur 5 Prozent über dem Basiszinssatz der Europäischen Zentralbank (früher: Diskontsatz der Deutschen Bundesbank) liegen. Lediglich unter Kaufleuten darf ein Zins von 8 Prozent über dem Basiszinssatz geltend gemacht werden. Beruht die geforderte Summe auf einem Darlehen, das durch eine Grundschuld oder eine Hypothek gesichert war, so liegt der zulässige Zins sogar nur bei 3 Prozent über dem Basiszins. Wie hoch der Basiszins ist, können Sie auf den Wirtschaftsseiten der Zeitungen nachlesen oder auf der Internetseite der Bundesbank (www.bundesbank.de – Basiszinssatz gemäß § 247 Absatz 1 BGB).

Sie sollten so schnell wie möglich eine Beratungsstelle der Verbraucherzentrale aufsuchen, wenn Ihnen die Zinsforderungen oder Gebühren zu hoch vorkommen.

Beispiel

Im Juli 2012 lag der Basiszinssatz bei 0,12 Prozent. Das heißt, dass für eine Forderung gegen einen Verbraucher maximal + 5, also 5,12 Prozent Zinsen verlangt werden durften.

Vorsicht:
Keine unsinnigen Widersprüche einlegen!
Überlegen Sie andererseits genau, ob sich ein Widerspruch lohnt. Wenn Sie nur Zeit gewinnen wollen oder zurzeit einfach nicht zahlen können, lassen Sie sich lieber erst beraten. Unsinnige Widersprüche lohnen sich nicht. Im Gegenteil: Die andere Seite kann danach eine Klage gegen Sie einleiten. Dazu kann sie einen Rechtsanwalt einschalten. Und wenn Sie Pech haben, müssen Sie dessen Kosten am Schluss auch noch zahlen!

Wenn Sie die Zwei-Wochen-Frist des Vollstreckungsbescheids ohne Ihr Verschulden versäumt haben (etwa, weil Sie plötzlich schwer erkrankt sind oder verreist waren und nicht mit einem

gerichtlichen Schreiben rechnen mussten), können Sie bei
Gericht die »Wiedereinsetzung in den vorigen Stand« bean-
tragen (siehe Musterbrief Seite 21). Erklären Sie, warum
Sie nicht rechtzeitig aktiv werden konnten. Legen Sie nach
Möglichkeit einen Beleg bei (zum Beispiel eine Bahnfahrkarte,
eine Hotelquittung oder eine eidesstattliche Versicherung des
Mitfahrers als Beleg für eine Reise). Vergessen Sie nicht, den
Einspruch mitzuschicken.

2 Was tun, wenn der Mann mit dem Kuckuck klingelt?

Stichwort: Gerichtsvollzieher

»Muss ich den überhaupt reinlassen?« – das fragen sich viele
Betroffene, wenn der Gerichtsvollzieher klingelt. Grundsätzlich
wird der Gerichtsvollzieher seinen Besuch schriftlich ankündi-
gen. Ob zu diesem Termin oder wenn der Gerichtsvollzieher un-
verhofft vor der Tür steht: Sie müssen ihn nicht hereinlassen!
Verweigern Sie dem Gerichtsvollzieher den Zutritt, haben Sie
einen Besuch verpasst oder kündigt er einen Besuch für einen
Zeitpunkt an, zu dem Sie nicht in der Wohnung sein können,
werden Sie anschließend unbedingt aktiv. Nehmen Sie Kontakt

 Wichtig!

Verwechseln Sie den Gerichtsvollzieher nicht mit einem
Mitarbeiter eines Inkassobüros. Auch diese machen zum
Teil Hausbesuche. Ziel ist es, Ihnen Druck zu machen.
Lassen Sie sich nicht einschüchtern. Diese Personen
haben keinerlei Befugnisse. Verweigern Sie ihnen stand-
haft den Zugang zu Ihrer Wohnung.

zu ihm auf und vereinbaren einen Termin. Halten Sie diesen
dann auch ein! Verweigern Sie dauerhaft den Zutritt oder ignorieren Sie die Mitteilung des Gerichtsvollziehers, so kann dieser

einen Beschluss des Gerichts erwirken, mit dem er den Zugang erzwingen und notfalls die Wohnung auch mit Hilfe eines Schlüsseldienstes öffnen lassen kann. Das verursacht nicht nur Ärger, sondern auch Kosten. Ist die Forderung berechtigt, so werden Sie diese Kosten letztlich tragen müssen.

Kann der Gerichtsvollzieher bei Ihnen nichts pfänden und können Sie die Forderung nicht vollständig begleichen, so darf der Gerichtsvollzieher die sogenannte eidesstattliche Versicherung abnehmen, wenn der Gläubiger dies zuvor beantragt hat. Das ist inzwischen üblich (siehe Seite 25).

Musterbrief: Wiedereinsetzung in den vorigen Stand

... hiermit lege ich gegen den Vollstreckungsbescheid vom 17.2.2012 Einspruch ein und beantrage, mir wegen Versäumung der Einspruchsfrist »Wiedereinsetzung in den vorigen Stand« zu gewähren.

Da ich am 20.2.2012 wegen Krankheit überraschend in ein Krankenhaus eingeliefert werden musste und erst am 21.3.2012 entlassen worden bin, konnte ich nicht innerhalb der vorgesehenen Frist Einspruch einlegen. Ich bitte daher, das Fristversäumnis zu entschuldigen.

Anlagen: Ärztliches Attest, Einspruch

Viele Dinge sind für den Gerichtsvollzieher tabu!

Gerichtsvollzieher sind häufig sehr nett und haben Verständnis für die Situation der Menschen, die sie aufsuchen müssen. Lassen Sie sich zur Sicherheit seinen Ausweis zeigen, liefern Sie sich aber keine unnötigen Kämpfe mit ihm – Sie werden ohnehin überrascht sein, wie wenig er bei Ihnen mitnimmt. Natürlich interessiert er sich zunächst für Bargeld, das Sie im Haus haben. Wenn's sich dabei um ausgezahlten Arbeitslohn oder Sozialleistungen handelt, darf er davon nicht alles mitnehmen, sondern

muss ausrechnen, wie viel davon unpfändbar ist. Dazu muss
er überlegen, wie viele Tage noch bis zur nächsten Auszahlung
bleiben, um Ihnen den entsprechenden Anteil übrig zu lassen.

Sollten Sie jedoch Schmuck besitzen, nimmt der Gerichtsvollzieher den mit. Auch die Videokamera, der Videorekorder,
die Hi-Fi-Anlage oder das Handy müssen normalerweise dran
glauben. Ein Radio und den Fernseher muss er Ihnen jedoch
dalassen; Sie haben das Recht, sich über das allgemeine
Weltgeschehen zu informieren. Kleidung, Wäsche, Betten und
Küchengeräte können meist nicht gepfändet werden – es sei
denn, es handelt sich um besonders luxuriöse Gegenstände.
Das Fahrrad, die Uhr oder der Staubsauger sind auch tabu;
denn Sie dürfen all das behalten, was für eine bescheidene
Lebensführung notwendig ist.

Auch um Ihre Haustiere müssen Sie sich keine Sorgen machen.
Die dürfen bei Ihnen bleiben! Der Gerichtsvollzieher hat auch
häufig deswegen wenig Erfolg, weil er nur Sachen beschlagnahmt, für die er bei einer Versteigerung noch etwas bekommt.

Seit Januar 2010 dürfen Gerichtsvollzieher ohne gesonderten
Auftrag gepfändete Gegenstände im Internet über die Plattform
www.justiz-auktion.de versteigern. Allerdings hat bislang noch
niemand untersucht, ob sich dadurch die Verwertungschancen
gegenüber der bis dahin üblichen örtlichen öffentlichen Versteigerung erhöht haben – und damit auch das Interesse von
Gerichtsvollziehern an pfändbaren Gegenständen.

Besitzen Sie also durchweg alte, klapprige Geräte, müssen Sie
ohnehin nichts befürchten.

Ihr Auto können Sie unter Umständen behalten

Außerdem dürfen Sie all das behalten, was Sie für Ihre Berufs-
tätigkeit benötigen, zum Beispiel den Computer oder das Auto.
Können Sie allerdings fast ebenso gut mit Bus oder Bahn zur

Arbeit fahren und brauchen ansonsten kein Auto, darf der Gerichtsvollzieher Ihr Gefährt beschlagnahmen. Nur wenn Sie ohne Wagen unzumutbar mehr Zeit für den Weg zur Arbeit benötigen, ist das Auto tabu. Das gilt übrigens auch, wenn Ihr Ehepartner mit Ihrem Fahrzeug zur Arbeit fährt und dieser für den Unterhalt sorgt. Sollten Sie eine Luxuskarosse besitzen, wird die aber in jedem Fall dran glauben müssen: Denn selbst wenn Sie ein Auto für die Fahrt zur Arbeit brauchen, kann der teure Wagen durch die sogenannte »Austauschpfändung« dann gegen einen billigeren ausgewechselt werden.

2

Haben Sie ein wertvolles Stück geerbt, das mit vielen Erinnerungen behaftet ist, rettet das den Gegenstand nicht. Auch wenn es Großvaters Lieblingsuhr war – den Gerichtsvollzieher interessiert nur, ob die Sache Ihnen gehört und ob sie etwas wert ist. Ihr Trauring ist allerdings nicht pfändbar. Will er einen Gegenstand beschlagnahmen (zum Beispiel Ihr Auto oder den Fernseher), den Sie noch nicht abbezahlt haben, machen Sie ihn darauf aufmerksam. Derjenige, der den Gerichtsvollzieher beauftragt hat, muss erst die restlichen Raten bezahlen, bevor er die Sache versteigern lassen kann – es sei denn, genau der Gläubiger, dem Sie die Raten schulden, hat ihn losgeschickt. In diesem Fall spielt es leider auch keine Rolle, dass Sie den Gegenstand für Ihre Arbeit benötigen.

Bei Wohngemeinschaften pfänden Gerichtsvollzieher ungern

Teilen Sie sich mit mehreren Menschen eine Wohnung, informieren Sie den Gerichtsvollzieher darüber, was den anderen gehört. Das Eigentum der Mitbewohner wird er normalerweise stehen lassen. Sind Sie verheiratet, gelten Sonderregeln.

Dann kann der Gerichtsvollzieher zunächst fast alles aus Ihrem gemeinsamen Haushalt mitnehmen. Nur die Dinge, die eindeutig nicht Ihnen gehören (wie etwa den Schmuck Ihrer Frau oder die Krawattennadel Ihres Mannes), muss er dalassen.

Will Ihr Ehepartner den beschlagnahmten Gegenstand wiederbekommen, kann er (oder sie) an den Gläubiger schreiben und
ihn auffordern, die Sache freizugeben. In dem Brief (siehe Beispiel unten) sollte eine Frist von maximal einer Woche gesetzt
und irgendetwas beigelegt werden, was beweist, dass die
Sache nur ihr/ihm gehört (zum Beispiel ein Kaufbeleg oder eine
eidesstattliche Versicherung von Freunden oder Verwandten).

Musterbrief: Freigabe eines beschlagnahmten Gegenstandes

*... am 26.1.2012 hat Gerichtsvollzieher Wilfried Jäger in unserer Wohnung we-
gen Ihrer Forderung mehrere Gegenstände gepfändet, unter anderem auch eine
Gitarre.*

*Diese Gitarre gehört mir allein. Wie Sie aus dem beigefügten Beleg entnehmen
können, habe ich sie am 2.2.2010 für eigene Belange erworben. Da nur ich in der
Lage bin, Gitarre zu spielen, habe ich auch meinem Ehemann kein Eigentum an
dieser Gitarre verschafft.*

*Daher fordere ich Sie auf, die Gitarre unverzüglich freizugeben. Sollten Sie nicht
bis zum 1.2.2012 gegenüber dem Gerichtsvollzieher Jäger die Freigabe erklärt
haben, sehe ich mich gezwungen, Drittwiderspruchsklage zu erheben.*

Anlage: Kopie des Kassenbons

Wenn das nicht zum Erfolg führt, hilft nur eine Klage (eine sogenannte Drittwiderspruchsklage). **Achtung:** Der Eigentümer muss
schnell handeln, bevor das Stück versteigert ist! Dies ist schon
eine Woche nach der Pfändung möglich.

Taschenpfändung – kommt selten vor

Ein Gerichtsvollzieher darf Sie auch auf offener Straße anhalten
und den Inhalt Ihrer Brieftasche prüfen. Aber keine Angst: Dazu
kommt es selten, weil sich meist schon bei der Pfändung in der
Wohnung gezeigt hat, dass nichts zu holen ist.

2

Wenn Sie übrigens den Eindruck haben, dass der Gerichtsvollzieher mehr mitgenommen hat als Sie Ihrem Gläubiger schulden, oder dass er sonst irgendeinen Fehler begangen hat, können Sie sich wehren. Sie müssen nur sehr schnell handeln, weil
fast immer Fristen zu beachten sind. Lassen Sie sich möglichst
helfen. Sie können entweder zur Rechtsantragsstelle Ihres
Amtsgerichts gehen oder sich mit einem Beratungshilfeschein
an einen Rechtsanwalt wenden.

 Wichtig!

Sie müssen dem Gerichtsvollzieher im Rahmen einer
Pfändung nicht sagen, wo Sie arbeiten und ihm
auch nicht Ihre Bankverbindung nennen. Seien Sie
möglichst vorsichtig mit allen Informationen, die Sie
preisgeben, damit nicht noch mehr vollstreckt werden
kann. Anders sieht es aus, wenn der Gerichtsvollzieher auch die eidesstattliche Versicherung abnimmt
(siehe unten).

Was tun, wenn Sie einen »Offenbarungseid« leisten müssen?

3

Stichwort: Eidesstattliche Versicherung

»Hast du schon gehört: Der Müller musste einen Offenbarungseid
leisten!« – Vor diesem Tratsch fürchten sich viele Menschen. Zu
Unrecht, denn oft bringt die eidesstattliche Versicherung (wie der
»Offenbarungseid« korrekt heißt) eine Menge Vorteile.

Haben Sie einmal öffentlich auf diese Weise Auskunft über Ihre Vermögensverhältnisse gegeben und die Gläubiger erkennen, dass bei Ihnen nichts zu holen ist, so haben Sie erst einmal länger Ruhe.

[!] Wichtig!

Führt die Zwangsvollstreckung nicht zur Rückzahlung Ihrer Schulden, kann der Gläubiger verlangen, dass Sie eine eidesstattliche Versicherung abgeben. Hierbei müssen Sie ein schriftliches Vermögens- und Einkommensverzeichnis ausfüllen und eidesstattlich versichern, dass die Angaben richtig und vollständig sind.

Die Abgabe der eidesstattlichen Versicherung wird in das Schuldnerverzeichnis des Amtsgerichts eingetragen und bleibt dort bis zur Erledigung gespeichert, längstens aber für drei Jahre (ab Ende des Jahres der Antragstellung).

Viele Menschen mit Schulden versuchen, der unangenehmen Prozedur aus dem Wege zu gehen. Aber das nützt nichts. Denn wer nicht freiwillig kommt, kann verhaftet und zur Abgabe der eidesstattlichen Versicherung gezwungen werden. Aber Achtung: Manche Gläubiger tun so, als würde man jetzt automatisch ins Gefängnis kommen. Das stimmt nicht! Wer sich weigert, die eidesstattliche Versicherung abzugeben, darf nur so lange festgehalten werden, bis die Formulare ausgefüllt und unterschrieben sind. Sie müssen auch nicht bei jeder Verkehrskontrolle fürchten, festgenommen zu werden – denn mit diesem Haftbefehl steht man nicht in der Fahndungsliste der Polizei. Es ist nämlich Sache des Gläubigers herauszubekommen, wo der Schuldner steckt. Erst wenn man ihn gefunden hat, kann der Gerichtsvollzieher ihn dann mit Hilfe der Polizei festnehmen. **Dennoch der Rat:** Fassen Sie sich ein Herz, folgen Sie der Vorladung und bringen Sie es hinter sich! Wenn Sie keine Zeit haben, rufen Sie beim Gerichtsvollzieher an und bitten um einen anderen Termin. Wenn Sie schwer krank sind, muss die Sache natürlich um mehrere Wochen verschoben werden; ansonsten können Sie mit einer solchen Verlegung nur ein paar Tage gewinnen.

Ein Schlupfloch gibt es allerdings noch: Der Gerichtsvollzieher kann mit Einverständnis des Gläubigers den Termin bis zu sechs Monate vertagen, wenn Sie wirklich überzeugend erklären, dass Sie die Schulden des betreffenden Gläubigers in diesem Zeitraum bezahlen werden.

2

Machen Sie sich jedoch in diesem Punkt nicht zu große Hoffnungen: Es ist normalerweise für Menschen mit vielen Schulden sehr schwierig, den Gerichtsvollzieher zu überzeugen, dass sie wirklich zahlen werden. Nur wenn sich tatsächlich an Ihrer Situation etwas geändert hat – Sie zum Beispiel eine neue Arbeitsstelle gefunden haben –, wird Ihnen Aufschub gewährt.

Sehen Sie also realistische Chancen, dass Sie zurückzahlen können, sollten Sie versuchen, Ihrem Gläubiger die Rücknahme des Antrags schmackhaft zu machen. Wenn Sie ab sofort Raten zahlen, wird er wahrscheinlich auf das Verfahren verzichten.

Sie haben doch sowieso nichts mehr zu verlieren!
Halten Sie sich vor Augen, welche Vorteile Sie von einer eidesstattlichen Versicherung haben:

1. Bei Ihnen ist bereits mehrfach erfolglos gepfändet worden. Das heißt, Sie besitzen vermutlich nichts mehr. Dass Sie knapp bei Kasse sind, wird ohnehin kein Geheimnis mehr sein; die eidesstattliche Versicherung braucht Ihnen also nicht peinlich zu sein. Das Schuldnerverzeichnis ist zwar theoretisch für jeden mit einem berechtigten Interesse einsehbar, aber tatsächlich machen davon nur wenige Normalbürger Gebrauch. Vermutlich haben Sie selbst auch noch nie reingeguckt. Nur Organisationen wie die SCHUFA und große Inkassobüros lesen regelmäßig nach, wer eine eidesstattliche Versicherung abgelegt hat. In der Zeitung werden Sie deswegen bestimmt nicht stehen – es sei denn, Sie sind ein landauf landab bekannter Immobilienspekulant. Und – keine Angst, die eidesstattliche Versicherung taucht auch nicht in Ihrem polizeilichen Führungszeugnis auf.

2. Wenn der Gläubiger auf diese Weise vom Gericht bestätigt bekommt, dass bei Ihnen nichts mehr zu holen ist, haben Sie wahrscheinlich für drei Jahre Ruhe. So lange ist die eidesstattliche Versicherung gültig. Das heißt, so lange müssen Sie keinen neuen »Offenbarungseid« abgeben – es sei denn, der Gläubiger kann das Gericht überzeugen, dass sich seit Ihrer letzten eidesstattlichen Versicherung etwas geändert haben muss. Schicken Sie zur Sicherheit allen Ihren Gläubigern eine Kopie der eidesstattlichen Versicherung, damit Sie nicht mehr belästigt werden.

3. Ihre Verhandlungsbasis wird viel besser. Erfahrungsgemäß sind Gläubiger, die merken, dass wirklich nichts zu holen ist, zu erheblichen Zugeständnissen bereit. Und mit der eidesstattlichen Versicherung, aus der sich ergibt, dass Sie einkommens- und vermögenslos sind, wird den Gläubigern quasi mit Brief und Siegel bestätigt: »Wenn ihr überhaupt noch etwas Geld sehen wollt, müsst ihr jetzt Kompromisse machen.«

4. Jeder, der bei Ihnen jetzt noch eine Zwangsvollstreckung versucht, sollte wissen, dass er etwas Unmögliches im Sinn hat und nur unnötige Kosten verursacht. Weisen Sie Ihre Gläubiger deshalb notfalls freundlich darauf hin, dass sie Ihnen in der nächsten Zeit keine Gebühren für den Gerichtsvollzieher oder die Kontenpfändung mehr in Rechnung stellen dürfen (siehe Musterbrief auf Seite 32).

Eines müssen Sie auf alle Fälle beachten: Wenn Sie eine eidesstattliche Versicherung abgeben müssen, nicht die Wahrheit sagen und dabei ertappt werden, bleibt das nicht ohne Folgen. Denn dann steht Ihnen auch noch ein Strafverfahren ins Haus!

Wenn sich allerdings nach der Abgabe der Versicherung etwas ändert – finden Sie zum Beispiel einen neuen Arbeitsplatz –, sind Sie »aus dem Schneider«. Es zählen nur Ihre Vermögensverhältnisse zu dem Zeitpunkt, an dem Sie die eidesstattliche

Versicherung abgegeben haben. Sie müssen Änderungen, die danach eingetreten sind, nicht unaufgefordert mitteilen.

2

 Wichtig: Vorzeitige Tilgung!

Haben Sie Ihre Schulden vor Ablauf der drei Jahre getilgt, weisen Sie das Amtsgericht darauf hin. Bitten Sie den Gläubiger, dem Gericht das zu bestätigen oder schicken Sie die entsprechenden Belege an das Amtsgericht, Abteilung Schuldnerverzeichnis. Der Eintrag zu Ihrer Person wird dann ebenfalls vorzeitig aus dem Schuldnerverzeichnis entsprechend gelöscht.

Durch eine Gesetzesänderung wird die eidesstattliche Versicherung ab dem 1. Januar 2013 in »Vermögensauskunft« umbenannt. Anders als bisher soll die Vermögensauskunft dann ganz am Anfang der Zwangsvollstreckung – als erste Maßnahme – stehen und im Büro des Gerichtsvollziehers oder der Vollstreckungsstelle eines öffentlichen Gläubigers abgenommen werden. Nur in Ausnahmefällen wird die Abnahme noch in der Wohnung nach einem erfolglosen Versuch der Sachpfändung erfolgen. Ergibt das Vermögensverzeichnis kein ausreichendes Vermögen, können Gläubiger den Gerichtsvollzieher bei einer Forderung von mindestens 500 Euro auch beauftragen, bei Dritten Auskünfte darüber einzuholen, ob der Schuldner möglicherweise dennoch über Vermögen verfügt, so zum Beispiel beim Zentralen Fahrzeugregister und bei den gesetzlichen Rentenversicherungen.

Weitere wichtige Änderung: Die Vermögensauskunft hat nur noch eine Wirkung von zwei Jahren, das heißt, so lange kann sie anderen Gläubigern entgegengehalten werden. Danach muss sie auf Antrag eines Gläubigers gegebenenfalls erneut abgegeben werden – es sei denn, es gibt bereits vorher konkrete Hinweise auf neues Vermögen.

Neu ist auch, dass der Gerichtsvollzieher nun mit Ihnen in jeder Phase des Verfahrens eine gütliche Einigung zur (Raten-)Zahlung treffen kann. Wenn Sie zahlen, können Sie die Eintragung ins Schuldnerverzeichnis sogar noch verhindern, wenn Sie die Vermögensauskunft bereits abgegeben haben. Denn diese Eintragung erfolgt nicht automatisch.

[!] Wichtig!

Beachten Sie, ob (Teil-)Zahlungen angesichts Ihrer Schuldensituation hier überhaupt Sinn machen (siehe oben)! Lassen Sie sich auf keinen Fall unter Druck setzen!

Darüber hinaus bleibt es aber auch 2013 bei den schon beschriebenen Abläufen und Regeln, wie sie bei der eidesstattlichen Versicherung galten.

4 Was tun, wenn der Arbeitgeber nicht mehr den ganzen Lohn auszahlt?

Stichwort: Lohnpfändung/Lohnabtretung

Der Chef nimmt Ludwig Zössel beiseite und schimpft: Was er sich eigentlich denke, den Betrieb mit seinen Schulden zu belasten. Er habe vom Gericht einen Pfändungs- und Überweisungsbeschluss erhalten. Ein Versandhaus habe wegen einer hohen Möbelrechnung Ludwig Zössels Lohn gepfändet, und er, der Chef, müsse jetzt komplizierte Berechnungen anstellen, wie viel er denen zu zahlen habe. In einem kleinen Malerbetrieb wie seinem habe aber niemand Zeit für diesen Papierkram.

Ludwig Zössel ist die ganze Angelegenheit höchst peinlich. Und als er abends nach Hause fährt, möchte er seinen Job am liebsten ganz hinschmeißen, weil er meint, dass ihm von seinem Lohn ja doch nichts mehr übrig bleibt.

Man darf Ihnen nicht alles wegnehmen!

Ludwig Zössel irrt sich: Das Versandhaus darf nicht seinen gesamten Lohn pfänden. Denn der Verschuldete soll trotz Pfändung weiterleben können und nicht auf Sozialleistungen angewiesen sein. Aus der Pfändungstabelle (siehe Seite 200) könnte Ludwig Zössel ablesen, wie viel ihm auf jeden Fall zum Leben verbleiben muss. Seit Juli 2011 gilt für jeden Schuldner eine Untergrenze von 1.028,89 Euro.

Das Gesetz sieht vor, dass sich die Freibeträge alle zwei Jahre genauso verändern sollen wie zuvor der Grundfreibetrag im Einkommensteuergesetz. Frühestens ab 1. Juli 2013 ist mit der nächsten Erhöhung zu rechnen. Achten Sie also darauf, möglichst immer in der jeweils aktuellen Pfändungstabelle nachzusehen (zum Beispiel im Internet beim Bundesjustizministerium unter www.bmj.bund.de).

Wie viel Sie behalten dürfen, hängt auch von Ihrem Nettoeinkommen und Ihren Unterhaltsverpflichtungen ab: Von dem Betrag, den Sie mehr verdienen, dürfen Sie auch einen Teil behalten. Ab einem Verdienst über 3.150 Euro ist dieser Mehrbetrag vollständig pfändbar.

Wäre Ludwig Zössel nur für sich allein verantwortlich, dürfte er von seinen 1.650 Euro netto im Monat mindestens 1.215,22 Euro behalten. Da er aber noch für seine geschiedene Frau und seinen kleinen Sohn zahlen muss, kann ihm das Versandhaus maximal 7,26 Euro wegnehmen. Es bleiben ihm von seinem Lohn also immerhin noch 1.642,74 Euro.

Wenn nicht das Versandhaus, sondern seine geschiedene Frau seinen Lohn pfänden lassen würde, bliebe für ihn allerdings weniger übrig. Denn immer, wenn es um Unterhalt geht, muss ein Schuldner seinen Gürtel noch enger schnallen: Der Freibetrag für ihn ist dann nämlich meistens niedriger als bei einer Pfändung durch einen Fremden.

Musterbrief: Fruchtlose Vollstreckungsversuche

... ich möchte darauf hinweisen, dass ich am .... vor dem Amtsgericht Köln eine eidesstattliche Versicherung abgegeben habe, aus der sich ergibt, dass ich über keinerlei pfändbaren Vermögenswerte verfüge. Eine Zwangsvollstreckung wäre daher zum jetzigen Zeitpunkt fruchtlos.

Ich weise darauf hin, um mögliche Kosten eines Vollstreckungsversuchs zu verhindern. Diese Kosten wären nicht notwendig im Sinne von § 788, 91 ZPO und daher auch von Ihnen zu tragen.

Wird wegen Unterhalt gepfändet (oder wenn Sie etwa Schadenersatz wegen einer Straftat zahlen müssen), legt das Gericht fest, wie viel Ihnen zum Leben zu belassen ist und wie der darüber hinausgehende Betrag auf Ihre Unterhaltsberechtigten aufgeteilt wird. Da es hierzu keine gesetzliche Regelung gibt, orientieren sich die Gerichte an dem sogenannten Selbstbehalt der Düsseldorfer Tabelle (www.olg-duesseldorf.nrw.de), die Leitlinien für den Bedarf von Unterhaltsberechtigten enthält. Demnach soll einem Erwerbstätigen derzeit wenigstens ein Betrag von 950 Euro monatlich verbleiben. Aber gerade wenn es um den Unterhalt minderjähriger Kinder geht, wird oft gesagt, dass man auch mit weniger Geld auskommen muss.

Lohnpfändung ist kein Kündigungsgrund!

Dies hat das Bundesarbeitsgericht ausdrücklich so entschieden: Einem Kfz-Mechaniker sollte gekündigt werden, weil bei seinem Arbeitgeber 20 verschiedene Lohnpfändungen eingegangen waren. »Geht nicht!« – so entschied das Bundesarbeitsgericht. Begründung: Eine erhebliche Belastung der Lohnbuchhaltung ist noch kein Kündigungsgrund. Erst wenn es zu wesentlichen Störungen des Betriebes kommt, darf gekündigt werden. Aber auch dann muss der Chef prüfen, wie lange der Arbeitnehmer schon zum Betrieb gehört, ob er Chancen hat, eine neue Stelle zu finden und ob er für jemanden Unterhalt zahlen muss (abgedruckt ist das Urteil in der Neuen Juristischen Wochenschrift, 1982, Seite 1062).

Theoretisch darf Ihnen also nicht so ohne Weiteres bei einer Lohnpfändung gekündigt werden. Leider zeigt die Erfahrung, dass Kündigungen in diesen Fällen häufig anders begründet werden und insofern schwer anzufechten sind. In größeren Betrieben wird eine Lohnpfändung von der Personalabteilung oder dem Steuerberater bearbeitet und berechnet. Ihre unmittelbaren Kollegen oder Vorgesetzten erfahren hiervon in der Regel nicht. Besonders kleine Betriebe empfinden Lohnpfändungen jedoch als große Belastung, weil sie befürchten, bei der Berechnung des pfändbaren Betrags Fehler zu machen – oder weil ihnen das Personal für die Bearbeitung fehlt. Hier macht es wenig Sinn so zu tun, als sei nichts passiert. Sprechen Sie mit Ihrem Chef. Wenn der erfährt, wie es zu Ihrer finanziellen Situation gekommen ist, reagiert er oft viel verständnisvoller als Sie vermuten. Das gilt insbesondere, wenn Sie ihm erklären können, dass Sie jetzt eine Regelung Ihrer Schuldensituation (mit oder ohne Hilfe einer Schuldnerberatung) angehen.

Glück im Unglück: Das Einkommen des Partners spielt zunächst keine Rolle

Auch wenn Ihr Arbeitgeber weiß, dass Ihr Ehemann oder Ihre Ehefrau ebenfalls verdient, muss er so tun, als würden Sie allein das Geld nach Hause bringen: Wenn Ihr Arbeitgeber den pfändbaren Teil Ihres Gehalts ausrechnet, muss er Ihren Ehegatten immer als jemanden ansehen, der von Ihnen Unterhalt zu bekommen hat. Wenn Sie keine Kinder haben, muss er in der zweiten Spalte der Pfändungstabelle (siehe Seite 200) nachsehen (»Unterhaltspflicht für 1 Person«), bei einem Kind in der dritten Spalte von links (»Unterhaltspflicht für 2 Personen«) und so weiter.

Ihr Gläubiger kann dem jedoch ein Ende machen. Erfährt er zum Beispiel, dass Ihre Ehefrau selbst berufstätig ist, kann er bei Gericht beantragen, dass sie nicht (oder nur zum Teil) als un-

terhaltsberechtigt gilt. Damit erhöht sich unter Umständen der
pfändbare Betrag.

Auch wenn der Gläubiger mit einem solchen Antrag erfolgreich
ist, müssen Sie nicht befürchten, dass das Einkommen Ihres
Ehegatten zur Tilgung Ihrer Schulden herangezogen wird. Mit
Ausnahme von Geschäften des täglichen Lebens haftet jeder immer nur für das, was er selbst unterschrieben hat (zu Geschäften des täglichen Lebens siehe Seite 74).

Überstunden lohnen sich immer noch – und auch sonst ist nicht alles pfändbar

Die Schuldnerberaterin hat für Ludwig Zössel noch eine gute
Nachricht parat: Zuschläge auf den Arbeitslohn sind nicht komplett pfändbar. Wenn er Überstunden macht, muss er dem Versandhaus nur die Hälfte des zusätzlichen Lohns abgeben. Das,
was er an Gefahren- und Schmutzzulagen oder an Spesen für
auswärtige Beschäftigung bekommt, ist überhaupt nicht pfändbar. Auch vom Weihnachtsgeld sind bis zu 500 Euro tabu. Und
vom Urlaubsgeld – soweit es sich im üblichen Rahmen hält –
bekommt das Versandhaus ebenfalls nichts ab.

Leider ist die Berechnung nicht ganz einfach, welche Einkom-
mensteile zur Pfändung herangezogen werden können und was
alles abgezogen werden muss, bevor in der Pfändungstabelle
nachgelesen werden kann, wie viel pfändbar ist. Deshalb kommt
es nicht selten vor, dass Arbeitnehmern ein zu hoher pfändbarer
Betrag abgezogen wird. Legen Sie bei der Schuldnerberatung
Ihre Lohnabrechnung vor, damit kontrolliert werden kann, ob
Ihnen tatsächlich das verbleibt, was Ihnen zusteht.

Abfindungen sind nicht automatisch geschützt

Was viele Arbeitnehmer nicht wissen: Wird der Lohn gepfändet,
sind auch Abfindungen automatisch erfasst und gehen an den
Gläubiger. Das heißt, das Geld ist für Sie verloren – selbst wenn
es den »guten Zweck« hatte, die karge Zeit der Arbeitslosigkeit
etwas erträglicher zu machen.

2

Sie können aber in der Regel mindestens einen Teil der Abfindung retten, wenn Sie rechtzeitig bei Gericht einen Antrag auf Pfändungsschutz nach § 850 i Zivilprozessordnung (ZPO) stellen. Das erscheint kompliziert, ist aber im Grunde ganz einfach: Sie beantragen, die Abfindung ganz oder teilweise für sich behalten zu können – zum Beispiel, weil Sie das Geld benötigen, um die Zeit bis zur Rente zu überbrücken. Ist dies der Fall, muss Ihnen grundsätzlich ein Betrag verbleiben, der in der Höhe dem entspricht, was Sie während eines angemessenen Zeitraumes noch an Einkommen aus Arbeitslohn bezogen hätten (siehe Beschluss des Landgerichts Essen vom 21.7.2011 - 7 T 366/11 und 397/11). Da es hierbei sehr auf die Situation im jeweiligen Einzelfall ankommt, lassen Sie sich möglichst bei einer Verbraucher- oder Schuldnerberatungsstelle oder einem Rechtsanwalt beraten. **Aber Achtung, hier ist Eile geboten:** Ist die Abfindung gezahlt, bevor der Gerichtsbeschluss beim Arbeitgeber vorliegt, kann sie nicht mehr vor der Pfändung geschützt werden.

Der Rechtspfleger beim Vollstreckungsgericht prüft nach einem solchen Antrag Ihre wirtschaftlichen Verhältnisse und legt dann fest, wie viel Sie behalten dürfen.

[!] Wichtig!

Wenn Abfindungen anstehen, gehen Sie unbedingt zur Schuldnerberatung! Oft kann man mit diesem Geldregen durch Einmalzahlung und eine Portion Verhandlungsgeschick den ganzen Schuldenberg in einem Rutsch loswerden. Bei entsprechenden Angeboten muss natürlich unbedingt die wirtschaftliche Situation nach Verlust des Arbeitsplatzes berücksichtigt werden, zum Beispiel Sperrzeiten für den Bezug von Arbeitslosengeld.

Sonderfall Lohnabtretung

Wenn Sie bei bestimmten Gläubigern Schulden haben – zum Beispiel bei einer Bank –, dann funktioniert die ganze Sache etwas anders: Routinierte Gläubiger lassen sich nämlich schon gleich zu Anfang der Geschäftsbeziehungen ein Schriftstück unterschreiben, in dem steht, dass Sie Ihren Lohnanspruch »abtreten«, also für den Fall der Fälle auf die Bank übertragen. Die Bank kann dann vom Arbeitgeber direkt den pfändbaren Teil Ihres Lohns verlangen. Der Gläubiger braucht dann weder einen Titel noch muss er einen Pfändungs- und Überweisungsbeschluss bei Gericht beantragen. Die Berechnung des an den Gläubiger abzuführenden Betrags funktioniert genau wie bei einer Pfändung.

Oft wissen die Betroffenen überhaupt nicht, dass sie den pfändbaren Anteil ihres Lohns an einen Gläubiger abgetreten haben. Das liegt daran, dass die Abtretung häufig in den Allgemeinen Geschäftsbedingungen, das heißt im sogenannten Kleingedruckten, enthalten ist. Eine gesonderte Unterschrift ist für die Wirksamkeit einer Abtretung nicht erforderlich.

Sie bekommen Ihren vollen Lohn ausgezahlt, wenn die Abtretung juristische Fehler aufweist

Der Bundesgerichtshof in Karlsruhe hat 1989 (Aktenzeichen III ZR 72/88) und 1992 (Aktenzeichen XI ZR 274/91) festgelegt, wann eine solche Abtretung in Allgemeinen Geschäftsbedingungen wirksam ist. Danach haben die Banken nach und nach ihre Formulare an diese Regeln angepasst. Haben Sie in den Jahren bis Mitte 1992 Ihren Lohn abgetreten, sollten Sie unbedingt die Erklärung von einer Schuldnerberatung, einer Verbraucherzentrale oder einem Anwalt kontrollieren lassen – es ist gut möglich, dass die Vereinbarung unwirksam ist und dass Ihr Arbeitgeber dann nichts an den Gläubiger überweisen muss.

Sie sollten die Lohnabtretung sicherheitshalber auch kontrollieren lassen, wenn Sie sie erst nach Mitte 1992 unterschrieben haben.

Wichtig ist, dass das Abtretungsformular ganz exakt beschreibt, worum es geht:

2

1. Es muss erkennbar sein, was genau abgetreten wird (zum Beispiel »Lohn«, »Arbeitslosengeld« usw.). Denn nur, was ausdrücklich aufgeführt ist, ist auch tatsächlich abgetreten.

2. Es muss erkennbar sein, wofür der Lohn abgetreten wird (zum Beispiel »Ansprüche aus dem Darlehensvertrag Nr. ... vom ...«).

3. Es muss – ungefähr – erkennbar sein, wie viel abgetreten wird (zum Beispiel »Die Abtretung ist begrenzt auf die Gesamtkreditsumme zuzüglich eines Betrags von 20 Prozent für etwaige Verzugsfolgen«).

4. Es muss erkennbar sein, wann der Gläubiger Ernst macht und das Geld vom Arbeitgeber einfordert (zum Beispiel »wenn der Kreditnehmer mit zwei vollen Raten im Verzug ist«).

5. Dass der Gläubiger Ernst macht, muss Ihnen mindestens zwei Wochen vorher schriftlich angedroht werden – und das muss auch in der Klausel stehen.

Fehlt eine der Klauseln zwei bis fünf, kann die ganze Abtretungsvereinbarung unwirksam sein.

Auch eine nach diesen Grundsätzen wirksame Abtretung muss der Arbeitgeber nicht beachten, wenn in Ihrem Arbeitsverhältnis die Abtretung von Lohn und Gehalt ausgeschlossen ist. Ein solcher Abtretungsausschluss kommt insbesondere bei größeren Betrieben vor. Er kann in einem Tarifvertrag, einer Betriebsvereinbarung oder in einem einzelnen Arbeitsvertrag stehen. Fragen Sie doch einfach bei Ihrem Betriebs- oder Personalrat nach. Auch in kleineren Betrieben kann durch einen Abtretungsausschluss der Aufwand für den Arbeitgeber reduziert werden. Das geht selbst dann, wenn die Abtretung vorher vereinbart ist und sogar noch dann, wenn die Abtretung beim Arbeitgeber vorgelegt wurde. Verboten ist lediglich, einem Gläubiger gezielt einen Anspruch zu entziehen. Deshalb muss in solchen Fällen der Abtretungsausschluss nicht für einen Arbeitnehmer und erst recht nicht nur für eine Abtretung, sondern generell für alle Mitarbeiter vereinbart werden. Da eine solche Vereinbarung für den Arbeitgeber nur Vor- und keine Nachteile bringt, lässt er sich vielleicht überzeugen.

Werden Sie aktiv, wenn Sie mit Ihrem Lohn nicht mehr auskommen

Bei der Lohnpfändung ist die Sache ganz klar gesetzlich geregelt. Wie viel Sie grundsätzlich von Ihrem Gehalt behalten dürfen, ist der Pfändungstabelle (ab Seite 200) zu entnehmen. Wenn Sie damit aber nur knapp über die Runden kommen sollten, können Sie bei Gericht beantragen, dass die Pfändungsfreigrenzen erhöht werden, Sie also weniger abgeben müssen. Dies ist insbesondere dann sinnvoll, wenn Sie eine sehr hohe Miete zahlen müssen, viele Unterhaltsberechtigte haben, sehr hohe Fahrtkosten für den Weg zur Arbeit unvermeidlich sind oder Sie zum Beispiel aus gesundheitlichen Gründen einen Sonderbedarf haben.

Kommen Sie mit Ihrem unpfändbaren Einkommen nicht aus, gehen Sie zum Job-Center und lassen sich dort die Höhe Ihres notwendigen Lebensunterhalts nach Sozialgesetzbuch II ausrechnen. Erklären Sie dem Fall-Manager, dass Sie die Berechnung benötigen, weil Sie gegebenenfalls beim Amtsgericht einen Antrag auf Erhöhung der Pfändungsfreigrenzen stellen wollen (siehe Musterbrief Seite 39).

Das Job-Center berücksichtigt bei der Berechnung die Regelleistungen für die Bedarfsgemeinschaft, Ihre Warmmiete und die notwendigen Versicherungen. Wichtig ist, dass Sie auch entsprechende Nachweise und Belege über die Ausgaben vorlegen. Außerdem muss das Job-Center prüfen, ob Sie einen Anspruch auf Mehrbedarfszuschläge haben, zum Beispiel, weil Sie alleinerziehend sind. Daneben sind etwa Kosten für notwendige Arbeitsmittel und Fahrtkosten zwischen Wohnung und Arbeitsstätte zu berücksichtigen. Wer erwerbsunfähig ist oder eine Altersrente bezieht, benötigt von seinem örtlichen Sozialamt eine Bescheinigung des sozialrechtlichen Existenzminimums.

Wenn nach der Pfändung weniger übrig bleibt als der (so berechnete) sozialrechtliche Mindestbedarf, sollten Sie beim Amtsgericht die Erhöhung Ihres unpfändbaren Einkommens beantragen. Nehmen Sie dazu folgende Unterlagen mit: Lohn- beziehungsweise Gehaltsabrechnung, Liste aller Pfändungs- beschlüsse, Bescheinigung des Job-Centers beziehungsweise Sozialamts über den sozialrechtlichen Mindestbedarf und alle Unterlagen, die Sie bereits beim Job-Center beziehungsweise Sozialamt vorgelegt haben.

Musterbrief: Anhebung der Pfändungsfreigrenzen

An das Amtsgericht
... hiermit beantrage ich, gemäß § 850 f ZPO den unpfändbaren Betrag meines Arbeitseinkommens heraufzusetzen.

Das Unternehmen Reibach GmbH, Goetheallee 44, 50923 Köln, pfändet seit dem 1.2.2012 auf Grund eines Pfändungs- und Überweisungsbeschlusses (Akten- zeichen: ...) mein Gehalt.

Wie Sie der beiliegenden Bescheinigung des Job-Centers entnehmen können, reicht der Betrag, den mein Arbeitgeber – die Firma Grobeisen AG, Hohlweg 97, 50677 Köln – entsprechend der Pfändungstabelle ermittelt hat, nicht aus, um das Existenzminimum zu decken, das mir nach dem Sozialleistungsrecht zusteht. Ich bitte Sie daher, den pfändungsfreien Betrag auf mindestens monatlich ... Euro festzusetzen.

Anlagen: Gehaltsbescheinigung, Bescheinigung des Job-Centers, Nachweis über Mehrbedarf, Liste aller Pfändungsbeschlüsse

Den Antrag können Sie auch schriftlich beim Amtsgericht (Vollstreckungsgericht, das den Pfändungs- und Überweisungsbeschluss erlassen hat) stellen (siehe Musterbrief oben). Beachten Sie, dass Sie in dem Antrag alle Gläubiger erwähnen, die bei Ihrem Arbeitgeber pfänden. Wenn Sie vor längerer Zeit schon mal einen solchen Antrag gestellt haben und das Gericht das unpfändbare Einkommen heraufgesetzt hat, sollten Sie nun überprüfen, ob Sie diesen Beschluss nicht abändern lassen müssen – denn die Regelsätze sind inzwischen gestiegen. Erkundigen Sie sich bei einer Schuldnerberatungsstelle oder fragen Sie den Rechtspfleger beim Amtsgericht, ob Sie mit einem Abänderungsantrag Chancen haben, mehr von Ihrem Geld zu behalten.

Wenn Sie krank sind, sehr hohe Fahrtkosten haben, um zur Arbeit zu kommen, oder aus anderen wichtigen Gründen viel Geld brauchen, kann das Gericht ebenfalls den Pfändungsfreibetrag erhöhen.

Öffentliche Gläubiger wie zum Beispiel das Finanzamt können sich den Weg über das Gericht sparen und ihre Forderungen im Rahmen des Verwaltungsvollstreckungsgesetzes über einen Behördenmitarbeiter pfänden lassen. Auch in diesem Fall können Sie grundsätzlich den gleichen Pfändungsschutz wie oben beschrieben geltend machen. Allerdings müssen Sie den Antrag dann nicht ans Amtsgericht, sondern an die vollstreckende Behörde richten.

Auch bei der Lohnabtretung kann der Freibetrag erhöht werden
Bei der Lohnabtretung darf Ihnen der Gläubiger natürlich auch nicht alles wegnehmen. Das heißt, dass Ihr Arbeitgeber die Tabelle beachten muss, in der die Freigrenzen festgelegt sind. Anders als bei der Lohnpfändung, die über das Gericht läuft, ist Ihre Position bei der Lohnabtretung aber schlechter, denn Sie können den Freibetrag nicht per Antrag vom Vollstreckungsgericht regeln lassen, sondern müssen Ihren Gläubiger ganz

normal bei der Prozessabteilung des Amtsgerichts verklagen
(BGH-Beschluss vom 28.05.2003 IX a ZB 51/03).

Schreiben Sie also zunächst Ihrem Gläubiger einen Brief, in dem
Sie eine gütliche Einigung zur Reduzierung des Abtretungs-
betrages vorschlagen. Wenn das nicht klappt, fragen Sie bei
einer Schuldnerberatungsstelle nach einem Anwalt, der sich mit
diesen Fragen auskennt.

Wer zuerst kommt, mahlt zuerst

Gibt es mehrere Gläubiger die pfänden, bekommen diejenigen
als Erste Geld, deren Lohnpfändung zuerst beim Arbeitgeber/
Drittschuldner eingeht. Bei der Lohnabtretung kommt es darauf
an, wann Sie das Abtretungsformular unterschrieben haben.
Das liegt oft lange vor dem Termin, an dem die anderen die
Lohnpfändung bewirkt haben. Obwohl dies fälschlicherweise
viele Menschen – und nicht selten auch Arbeitgeber – glauben:
Die Reihenfolge ändert sich auch dann nicht, wenn ein Gläubiger
wegen Unterhalt pfändet.

Achtung: Unterhalt geht nicht prinzipiell vor!

Aber: Wenn wegen Unterhalt gepfändet wird, kann man Ihnen
noch tiefer in die Tasche greifen. Geschützt ist nicht mehr der
Pfändungsfreibetrag entsprechend der Pfändungstabelle, sondern nur Ihr notwendiger Lebensunterhalt, den das Gericht individuell festlegt. In unserem Beispiel wurde Ludwig Zössel von
einem Versandhaus gepfändet. Bei seinem monatlichen Nettoeinkommen in Höhe von 1.650 Euro war unter Berücksichtigung
der Unterhaltsberechtigungen seiner Exfrau und seines Sohnes
ein Betrag von 7,26 Euro pfändbar. Herr Zössel konnte 1.642,74
Euro behalten, damit er mit diesem Betrag seine beiden Unterhaltsverpflichtungen erfüllen kann. Tut er dies nicht und wird
wegen Unterhalt in seinen Lohn vollstreckt, so legt das Gericht
den Betrag fest, den er behalten kann. Im Fall von Herrn Zössel
nehmen wir an, dass das Gericht in Anlehnung an die Düsseldorfer Tabelle 950 Euro für ausreichend gehalten hätte. Dann muss

der Chef von Herrn Zössel die Differenz zwischen 950 Euro und
der Pfändungsfreigrenze an den Sohn und die betreuende Mutter überweisen, sofern sie eine entsprechend hohe Forderung
haben.

Auch bei Straftaten kann mehr gepfändet werden

Auch wenn Sie wegen einer sogenannten vorsätzlichen uner-
laubten Handlung (das heißt einer vorsätzlichen Straftat) Schadenersatz leisten müssen und deshalb gepfändet wird, kann das
Gericht bestimmen, dass man Ihnen den über den notwendigen
Selbstbehalt hinausgehenden Betrag pfänden kann. Es gelten
dieselben Regeln wie bei der Pfändung von Unterhalt. Dabei
wird das Gericht auch beachten, wie viele Personen von Ihrem
Einkommen leben müssen.

Bei mehreren Arbeitsstellen gibt's auch mehrere Freibeträge

Wenn Sie mehrere Jobs haben, gilt übrigens für die Einkünfte
aus jedem einzelnen jeweils die übliche Pfändungsfreigrenze.
Der Gläubiger kann aber einen Antrag bei Gericht stellen, dass
alle Einkünfte zusammengerechnet werden und nur noch ein
Pfändungsfreibetrag berücksichtigt wird. Sie stehen sich also
viel besser, wenn der Gläubiger nichts von Ihren Nebeneinkünf-
ten erfährt und diesen Antrag nicht stellen kann.

Selbst wenn Ihr Arbeitgeber weiß, dass Sie noch eine andere
Arbeitsstelle haben, darf er übrigens ohne einen entsprechenden Gerichtsbeschluss die Einkünfte auf keinen Fall von sich aus
zusammenrechnen (es sei denn, Sie haben gerade bei ihm zwei
Jobs). Die Entscheidung übers Zusammenrechnen kann nur das
Vollstreckungsgericht treffen. Das Einkommen verschiedener
Personen kann aber auf keinen Fall zusammengerechnet werden. Auch nicht, wenn zum Beispiel Herr und Frau Zössel in der
gleichen Firma arbeiten würden.

Manche Sozialleistungen sind nicht pfändbar

Auch wenn Ihre Gläubiger noch so gerne an Ihr Geld kommen
möchten: Wenn Sie von Sozialhilfe leben, können sie das nicht.
Das Gleiche gilt für den Fall, dass Sie BAföG beziehen oder El-
terngeld bekommen. Kindergeld ist nur von dem Kind pfändbar,
für das es gedacht ist. Für alle anderen ist dieses Geld tabu.

Für diejenigen, die von Rente oder Arbeitslosengeld I leben,
sieht es jedoch schlechter aus: Dieses Einkommen kann grundsätzlich gepfändet werden. Auch hier gilt, dass Ihnen nicht alles
weggenommen werden kann. Vielmehr gelten die oben dargestellten Pfändungsfreigrenzen für Arbeitseinkommen, bei denen
Ihre Unterhaltsverpflichtungen berücksichtigt werden. Wie beim
Arbeitseinkommen können Sie auch für diese Sozialleistungen
beim Amtsgericht beantragen, dass der Freibetrag für Sie erhöht
wird.

Steuerrückzahlungen sind ebenso wie der Anspruch aus einer
normalen Kapitallebensversicherung leider voll pfändbar.

Fürs Alter kann man sparen – Aber wenn, dann bitte klug

Alle sprechen davon, dass man für das Alter vorsorgen muss.
In Ihrer Situation sollten Sie jedoch überlegen, ob das wirklich
geht. An erster Stelle muss nämlich stehen, dass Sie Ihren
Lebensunterhalt decken und vor allem die laufenden Kosten wie
Miete und Strom zahlen. Bleibt danach etwas übrig, so sollten
Sie überlegen, wie Sie diesen Betrag sinnvoll zur Regelung Ihrer
Schulden einsetzen. Es macht bei hohen Schulden wenig Sinn,
hier und da kleine Beträge zu zahlen, aber im Rahmen einer
Gesamtregelung können auch kleine Beträge sinnvoll eingesetzt
werden.

Dennoch: Manchen Schuldnern ist es wichtig, aus Ihrem Existenzminimum fürs Alter vorzusorgen. Das kann und will natürlich niemand verbieten. Jedoch sollte genau überlegt werden, ob
nicht zuerst an andere Dinge gedacht werden muss.

Falls Sie sich entschließen zu sparen, stellt sich die Frage: Was nutzt das, wenn mir ein Gläubiger das gesamte Ersparte wegpfänden kann? Damit dies nicht passiert, hat der Gesetzgeber verschiedene Möglichkeiten geschaffen, wie Sie für das Alter vorsorgen können, ohne befürchten zu müssen, dass man Ihnen das Ersparte wieder wegnimmt. Das ist zum einen der Fall, wenn Sie über Ihren Arbeitgeber eine betriebliche Altersvorsorge abschließen. Dann ist Ihr Arbeitgeber regelmäßig der Versicherungsnehmer. Sie sind nur die sogenannte versicherte und bezugsberechtigte Person. Das, was Sie dort ansparen, kann Ihnen nicht weggenommen werden. Lediglich wenn aus dieser Altersvorsorge Beträge gezahlt werden (im Alter), sind diese genauso pfändbar wie Arbeitseinkommen.

Aber auch wenn Sie selbst eine zusätzliche Altersvorsorge abschließen, hat der Gesetzgeber eine Möglichkeit geschaffen, das Ersparte vor der Pfändung zu schützen. Dazu muss der Vertrag folgende Bedingungen erfüllen:

---> Die Leistungen aus dem Vertrag dürfen nicht vor Vollendung des 60. Lebensjahrs oder dem Eintritt der Berufsunfähigkeit gewährt werden.
---> Die Leistungen müssen in regelmäßigen Zeitabschnitten (in der Regel monatlich) und lebenslang gewährt werden.
---> Über die Ansprüche aus dem Vertrag darf nicht verfügt werden (das heißt, sie können weder abgetreten noch gepfändet werden).
---> Die Zahlung eines Kapitalbetrags (anstatt der Rente) darf nicht möglich sein. Davon ausgenommen ist lediglich die Zahlung an Hinterbliebene im Fall des Todes.

Fast alle Riesterverträge erfüllen diese Bedingungen und haben den Vorteil, dass Sie auch bei kleinen Sparbeträgen staatliche Förderung bekommen. Auf jeden Fall sollten Sie aber vor Abschluss eines Vertrags genau nachfragen, ob das Angesparte nach diesen Regeln auch vor Pfändung geschützt ist.

Bei einem Vertrag, der diese Bedingungen gemäß § 851 c Zivilprozessordnung erfüllt, dürfen folgende Beträge angespart
werden:

···⟩ vom 18. bis zum vollendeten 29. Lebensjahr
   jährlich 2.000 Euro
···⟩ vom 30. bis zum vollendeten 39. Lebensjahr
   jährlich 4.000 Euro
···⟩ vom 40. bis zum vollendeten 47. Lebensjahr
   jährlich 4.500 Euro
···⟩ vom 48. bis zum vollendeten 53. Lebensjahr
   jährlich 6.000 Euro
···⟩ vom 54. bis zum vollendeten 59. Lebensjahr
   jährlich 8.000 Euro und
···⟩ vom 60. bis zum vollendeten 65. Lebensjahr
   jährlich 9.000 Euro.

Insgesamt kann damit ein Betrag von 238.000 Euro angesammelt werden, der für niemanden pfändbar ist. Die Auszahlungen
aus einem solchen Vertrag sind dann wie Arbeitseinkommen
pfändbar. Das bedeutet, dass die Pfändungsfreigrenzen zu
beachten sind und dass der darüber hinausgehende Betrag
nicht vollständig gepfändet wird.

Übrigens: Haben Sie eine »normale« Kapitallebensversicherung, die noch nicht gepfändet ist, so haben Sie einen Anspruch
gegen das Versicherungsunternehmen, dass Ihre Versicherung
in eine derart geschützte Versicherung umgewandelt wird. Ob,
wann und wie das geht, sollten Sie mit einer Schuldnerberatung
besprechen, damit man Ihnen nicht den Vorwurf machen kann,
dass Sie Ihre Gläubiger benachteiligen würden. Denn unter
Umständen könnte die Umwandlung vom Insolvenzverwalter
beziehungsweise Treuhänder angefochten und damit rückgän-
gig gemacht werden.

Was tun, wenn Sie kein Konto mehr haben?

5

Stichwort: Verweigerung oder Kündigung eines Kontos

Else Biermann war 25 Jahre lang Kundin einer Sparkasse. Als ihr Mann starb, konnte sie die gemeinsamen Schulden nicht bezahlen und musste deshalb einen »Offenbarungseid« (eidesstattliche Versicherung) ablegen. Die Sparkasse kündigte ihr daraufhin das Girokonto. »Dabei hatte ich mein Konto dort nie überzogen«, klagt die Rentnerin. Obwohl sich die Kreditinstitute 1995 in einer Erklärung (siehe Seite 180) verpflichtet haben, grundsätzlich für alle Kunden ein Konto einzurichten, kommt es immer wieder vor, dass Menschen bei einem negativen SCHUFA-Eintrag kein Konto bekommen. Oder dass sie es verlieren, weil das Konto gepfändet wird. Die Folge: Die Betroffenen bekommen Probleme mit dem Arbeitgeber, der den Lohn nicht mehr bargeldlos überweisen kann. Oder sie haben es sehr schwer, eine neue Arbeit zu finden, weil die Einstellung wegen einer fehlenden Kontoverbindung zu scheitern droht. Außerdem müssen Kontolose obendrein hohe Gebühren für ihre bar eingezahlten monatlichen Miet- und Stromzahlungen berappen.

Kämpfen Sie um Ihr Konto!

Wenn Sie Ärger mit Ihrer Bank wegen Ihres Kontos haben, verweisen Sie zunächst auf die Selbstverpflichtung der Kreditinstitute (siehe Seite 180). Die Kreditinstitute haben sich entsprechend einer Empfehlung des Deutschen Bundestags (Drucksache 15/3274) schon 2004 verpflichtet, Kontoablehnungen und -kündigungen schriftlich zu begründen und den Kunden zugleich auf sein Recht hinzuweisen, sich kostenfrei an die beim jeweiligen Bankenverband angesiedelte Schlichtungsstelle, die sogenannten Ombudsmänner, zu wenden. Einen Musterbrief hierfür gibt es unter www.zka.de. Die Adressen der Beschwerdestellenstellen finden Sie im Anhang Seite 197. Die Schlichtungsstellen vermitteln zwischen Bank und Kunden und sprechen nach Prüfung des Sachverhalts eine Empfehlung aus. Allerdings: Gerade wenn der Schlichtungsspruch die Führung eines Kontos befürwortet, hat dies für die Banken keinen bindenden Charakter. Überlegen Sie, ob Sie die Bank nicht doch

 Wichtig!

Sie sollten sich dennoch nicht scheuen, Ihr Problem bei der Schlichtungsstelle Ihrer Bank vorzutragen! Ein kurzes Anschreiben, in dem Sie den Sachverhalt schildern und dem Sie wichtige Kopien zur Ablehnung beifügen, ist dabei ausreichend.

verklagen wollen. Holen Sie sich Rat bei einer Verbraucherzentrale oder einer Schuldnerberatungsstelle. Andere haben diese Prozesse schließlich auch schon gewonnen!

So hat das Amtsgericht Dortmund entschieden, dass allein das Argument, dass jemand seiner Bank außergewöhnlich viel Arbeit macht, kein Grund zur Kündigung des Kontos ist. Das gilt auch für Kontopfändungen oder negative SCHUFA-Eintragungen (Urteil vom 21.11.1992, Aktenzeichen 120 C 9878/92 oder auch Amtsgericht Düsseldorf, Urteil vom 29.4.1994, Aktenzeichen 31 C 50.236/94; ähnlich auch Amtsgericht Schweinfurt, Urteil vom 4.11.1999, Aktenzeichen 1 C 1532/99 und Urteil vom 24.5.2000, Aktenzeichen 5 C 715/00, Landgericht Karlsruhe, Urteil vom 21.11.2001, Aktenzeichen 10 O 325/01).

[!] Wichtig!

In manchen Bundesländern können Sie ein eigenes Konto auch erzwingen – jedenfalls bei Sparkassen. Dort müssen die Sparkassen nach dem Gesetz jedem ein Girokonto anbieten, und zwar eines, das nicht überzogen werden kann (»Girokonto auf Guthabenbasis«). »Sicher« ist Ihnen das Konto damit allerdings auch noch nicht, denn die Geldinstitute können, ungeachtet dieser gesetzlichen Pflicht, Kunden dennoch aus »wichtigem Grund« ablehnen.

Übrigens: Obwohl es für die anderen Kreditinstitute keine gesetzliche Pflicht, sondern nur deren Selbstverpflichtung zur Einrichtung eines Girokontos (siehe oben) gibt, hat das Landgericht Berlin in seinem Urteil vom 8. Mai 2008 (Aktenzeichen 21 S 1/08) verbraucherfreundlich entschieden: Die Richter sahen in einem Girokonto ein so wichtiges Instrument zur Lebensführung, dass sie gerade auch für private Banken eine Verpflichtung zur Kontoführung bejahten.

Wenn Sie Sozialhilfe beziehen, fragen Sie beim Sozialamt nach, ob die dortigen Sachbearbeiter Ihnen nicht helfen können, ein Konto zu erstreiten. Auch für das Sozialamt ist es viel billiger, wenn es Ihnen die Sozialhilfe auf ein Konto überweisen kann und nicht per Geldbriefträger bringen lassen muss.

Leider wurde auch mit der Einführung des Pfändungsschutz-
kontos (siehe Seite 50 f.) im Juli 2010 kein wirksamer Rechts-
anspruch auf Eröffnung eines Girokontos auf Guthabenbasis
festgeschrieben. Der Gesetzgeber hat die Banken nur verpflichtet, ein bestehendes (normales) Girokonto auf Wunsch des Kontoinhabers in ein P-Konto umzuwandeln.

Eine Alternative: Das Sparbuch

Anders als beim Girokonto fragen die Banken bei der Eröffnung
eines Sparbuchs nicht bei der SCHUFA nach der Kreditwürdigkeit des neuen Kunden. Bis Sie ein Girokonto auf Guthabenbasis
erhalten, könnte das Sparbuch deshalb eine Alternative sein, Ihr
Gehalt oder Ihren Lohn dorthin überweisen zu lassen.

Zwar soll ein Sparbuch nicht für alltägliche Geldgeschäfte benutzt werden; häufig ist das aber dennoch möglich. Denken Sie
an diesen Ausweg, wenn es Ihnen vor allem darum geht, bei
Ihrer Arbeitsstelle ein Konto angeben zu können: Überweisungen auf das Sparbuch sind meist ohne Probleme möglich, Überweisungen vom Sparbuch leider nicht. Sie sollten sich daher
anschließend unbedingt um die Einrichtung eines Girokontos
bemühen.

Nur selten und nur kurzfristig eine Alternative: Das Konto von Verwandten oder Freunden

Der nahe liegende Gedanke ist für die meisten Menschen vermutlich, eine Vertrauensperson zu bitten, ihr oder sein Konto
mitbenutzen zu dürfen. Das ist jedoch höchstens eine Über-
gangslösung – zumindest bis der Bank auffällt, dass Überwei-
sungsempfänger und Kontoinhaber nicht identisch sind. Dann
wird sie den Betrag in der Regel zurückschicken. Viele Banken
drohen dann außerdem mit der Kündigung des »Helferkontos«,
da es entgegen der Vertragsabsprache nicht nur für den eigenen
Zahlungsverkehr genutzt wurde. Während dieses Übergangs-
zeitraums sollten folgende Voraussetzungen erfüllt sein:

----> Sie können sich wirklich vertrauen. Besprechen Sie gemeinsam, welche Probleme auftauchen könnten und wie Sie beide mit ihnen umgehen werden.

----> Die oder der andere hat keine Schulden. Wenn die Gläubiger
Ihres Verwandten oder Freundes dessen Konto pfänden, können Sie nämlich selbst keinen Antrag auf Pfändungsschutz
(siehe unten) stellen. Die einzige Möglichkeit, den Ihnen
aus dem Kontoguthaben zustehenden Einkommensanteil
zu schützen, ist der Versuch einer Drittwiderspruchsklage.
Das Risiko, dass Ihr Einkommen oder Ihre Sozialleistungen
ungeschützt dem pfändenden Gläubiger Ihres Helfers und
Kontoinhabers zufließen, ist leider sehr groß.

Aber auch wenn der Kontoinhaber selber nicht verschuldet ist,
kann er Probleme bekommen, wenn Ihre Gläubiger ihren Auszahlungsanspruch gegen Ihren Helfer pfänden. Hier können Sie nach
neuerer Rechtsprechung zwar über einen gerichtlichen Pfän-
dungsschutzantrag über die allgemeine Härtefallregelung des
§ 765 a ZPO den unpfändbaren Teil Ihres Einkommens schützen.
Ihr Helfer läuft aber große Gefahr, sein Konto dabei zu verlieren.

6 Was tun, um den Lebensunterhalt zu sichern?

Stichwort: Kontopfändung und Pfändungs-schutzkonto

Seit dem 1. Januar 2012 gibt es Schutz vor Kontopfändungen
ausschließlich auf einem Pfändungsschutzkonto (P-Konto).
Während Kontoinhaber bis dahin beim Gericht oder der pfändenden Behörde beantragen mussten, dass ihnen ein monatlicher
Freibetrag zum Leben verbleibt, ist beim Pfändungsschutzkonto
nun ein Guthaben von 1.028,89 Euro (Grundfreibetrag) je Kalendermonat automatisch geschützt. Es kommt nicht darauf an,
woher das Guthaben stammt. Der Schutz gilt für Arbeitseinkom-

men und Sozialleistungen genauso wie beispielsweise für finanzielle Unterstützungen Dritter.

Der P-Konto-Inhaber muss nichts mehr unternehmen, bei einer Pfändung hat er weiterhin vollen Zugang zum Konto und kann zum Beispiel Überweisungen bis zur Höhe des Grundfreibetrags vornehmen.

 Wichtig!

Für jeden, dessen Girokonto gepfändet wird, ist die Einrichtung eines P-Kontos ein Muss! Nach Eingang der Pfändung bei dem Kreditinstitut muss ein »normales« Girokonto innerhalb von vier Wochen umgewandelt werden – dann gilt der Schutz des P-Kontos auch rückwirkend ab dem Eingang der Pfändung.

Das P-Konto ist also ein Girokonto, das dem normalen Zahlungsverkehr dient, bei Kontopfändung jedoch einen unbürokratischen Schutz vor dem Zugriff der Gläubiger für Guthaben bis zum Grundfreibetrag bietet (Basisschutz). In vielen Fällen können und müssen auf dem P-Konto darüber hinaus höhere Freibeträge (siehe Seite 57 f.) geschützt werden. Der pfändende Gläubiger erhält nur dann eine Zahlung, wenn das Kontoguthaben höher ist als die unpfändbaren Freibeträge – und zwar frühestens am Ende des auf die Gutschrift folgenden Kalendermonats.

Achtung: Auch für Kindergeld- und Sozialleistungsempfänger (zum Beispiel von Arbeitslosengeld oder gesetzlicher Rente), deren Konto in die roten Zahlen rutscht, ist das P-Konto ein Muss – auch ohne Pfändung! Denn seit Anfang 2012 können Empfänger von Sozialleistungen nicht mehr wie bisher innerhalb von 14 Tagen über ihr Geld verfügen. Gehen Sozialleistungen auf ein überzogenes normales Girokonto ein, ist der Kontoinhaber nun vom Entgegenkommen seiner Bank oder Sparkasse abhängig, ob diese die eingehenden Zahlungen mit dem Minus verrechnet oder nicht. Denn einen gesetzlich geschützten Auszahlungsanspruch innerhalb von 14 Tagen seit Gutschrift gibt es für diese Leistungen nur noch auf dem P-Konto.

[!] Wichtig!

Alle anderen Gutschriften, wie zum Beispiel das Arbeitseinkommen, sind auch auf einem P-Konto nicht vor der Verrechnung durch die eigene Bank geschützt, wenn das Konto überzogen ist. Denn die P-Konto-Freibeträge gelten erst, wenn das Konto Guthaben aufweist, also »im Plus« geführt wird.

Einrichtung oder Umwandlung

Kontoinhaber müssen selbst aktiv werden: Entweder wird ein neues Konto gleich als P-Konto eingerichtet oder das bestehende Girokonto in ein P-Konto umgewandelt. Hierzu muss ein entsprechender Antrag beim Kreditinstitut gestellt werden.

Achtung: Anders als bei normalen Girokonten kann das P-Konto nicht als Gemeinschaftskonto mehrerer Kontoinhaber, sondern nur als Einzelkonto auf den Namen einer Person geführt werden. Wer bisher zum Beispiel mit seinem Partner ein gemeinsames Girokonto geführt hat, muss es vor einer Umwandlung in ein P-Konto zunächst auf einen Namen umschreiben lassen.

Der bisher zweite Kontoinhaber kann dann entscheiden, ob ihm eine Verfügungsberechtigung über das umgewandelte Konto genügt oder ob er ein eigenes Girokonto/P-Konto (mit eigenem Basispfändungsschutz) eröffnet. Letzteres ist insbesondere dann sinnvoll, wenn er über eigene Einkünfte verfügt. Allerdings kann der Adressat der Kontopfändung selbst (das ist der im Pfändungsbeschluss genannte Schuldner) die Pfändung nicht dadurch loswerden, dass er das Konto dem anderen Kontoinhaber allein überlässt.

[!] Wichtig!

Ein P-Konto gibt es auch bei einer Pfändung nicht automatisch, sondern nur auf Antrag des Kunden.

Jede Person darf auch nur ein P-Konto führen. Weil der Kontoinhaber bei der Beantragung in der Regel schriftlich versichern
muss, dass er nur eines führt, ist es ausgeschlossen, dass man
über den »Umweg« mehrerer P-Konten in den Genuss mehrerer
Freibeträge kommt. Außerdem ist die Einrichtung eines P-Kontos
überprüfbar. Denn Kreditinstitute können eine entsprechende
Meldung bei einer Auskunftei, zum Beispiel bei der SCHUFA,
vornehmen. Ein Verstoß kann strafbar sein und zum Verlust des
Pfändungsschutzes führen.

Per Gesetz sind Banken und Sparkassen verpflichtet, das gepfändete Girokonto innerhalb von vier Tagen nach Antragstellung in ein P-Konto umzuwandeln.

 Wichtig!

Es gibt nur ein Recht auf Umwandlung eines *bestehenden* Kontos. Ein grundsätzliches Recht auf
Einrichtung eines Girokontos gibt es nicht (siehe
auch Seite 46 f.). Verweigert ein Kreditinstitut
die Einrichtung eines normalen Girokontos oder die
Umwandlung eines normalen Kontos in ein P-Konto,
lassen Sie sich dies unbedingt schriftlich geben und
informieren Sie Ihre Verbraucherzentrale. Auch ein
kostenloses Schlichtungsverfahren durch einen Ombudsmann (Adresse siehe Anhang Seite 197) kann
hilfreich sein.

Kann auch ein überzogenes Girokonto in ein P-Konto umgewandelt werden?

Wenn momentan ein Überziehungskredit in Anspruch genommen
wird, steht das der Umwandlung eines normalen Girokontos in
ein P-Konto nicht im Wege – so steht es im Gesetz. Denn nur hier
sind Sozialleistungen und Kindergeld vor einer Verrechnung des
Kreditinstitutes mit dem Minus geschützt: Innerhalb von 14 Tagen
seit der Gutschrift muss das Kreditinstitut das Geld zur Verfügung
stellen. Es darf lediglich die Kontoführungsgebühren einbehalten.

Bei Problemen informieren Sie bitte Ihre Verbraucherzentrale. Ansonsten gilt auch auf dem P-Konto: Kreditinstitute können alle anderen Geldeingänge zunächst mit dem Minus verrechnen. Kontoinhaber haben also praktisch keinen Schutz, bis das Konto wieder im Plus ist. Deshalb empfiehlt es sich, in diesen Fällen mit der Bank oder Sparkasse vor der Umwandlung eine Rückzahlungsregelung zu treffen, um den P-Konto-Schutz in Anspruch nehmen zu können. Notfalls sollten Sie versuchen, ein Girokonto bei einer anderen Bank oder Sparkasse zu eröffnen.

Wann empfiehlt sich das P-Konto?

Weil das P-Konto mit vollem Schutz auch noch nach Eingang einer Pfändung beim Kreditinstitut eingerichtet werden kann (siehe oben), ist eine rein vorsorgliche Umwandlung des Kontos nicht notwendig (Ausnahme: Bezieher von Kindergeld und Sozialleistungen, die ihr Konto überzogen haben). Generell gilt: Wer mit Pfändungen seiner Gläubiger rechnen muss, sollte vermeiden, größere Geldsummen auf dem Girokonto stehen zu lassen. Stattdessen sollte sicherheitshalber monatlich vollständig über das vorhandene Kontoguthaben verfügt werden.

Was ein P-Konto kostet – und was es kann

Kreditinstitute dürfen für die bloße Umstellung eines normalen Girokontos auf ein P-Konto keine Entgelte verlangen. Die Kontoführung des P-Kontos wird in der Regel nicht kostenlos sein, aber Kreditinstitute dürfen hierfür keine höheren Entgelte erheben. Denn der Gesetzgeber ist davon ausgegangen, dass die P-Konto-Kosten angemessen sein müssen und sich im Rahmen der Entgelte eines üblichen Gehaltskontos bei der jeweiligen Bank oder Sparkasse bewegen.

Da das P-Konto kein eigenes Kontomodell ist, sondern lediglich eine besondere Ergänzung zum bestehenden Konto, dürften sich die Entgelte durch die Umwandlung nicht erhöht haben. Leider hat die Praxis jedoch gezeigt, dass Banken und Sparkassen von ihren Kunden zum Teil hohe Kontoführungsentgelte verlangten.

Viele Institute sind für diese unzulässige Praxis bereits von den Verbraucherverbänden abgemahnt worden und haben daraufhin Unterlassungserklärungen abgegeben. Auch viele Gerichte haben inzwischen verbraucherfreundlich entschieden, dass für P-Konten nur angemessene Entgelte berechnet werden dürfen.

 Wichtig!

Berechnet eine Bank davon abweichend Umwandlungs- und unangemessen hohe Kontoführungsgebühren oder sonstige Entgelte im Zusammenhang mit dem P-Konto oder einer Pfändung, informieren Sie bitte unbedingt Ihre Verbraucherzentrale. Zu viel gezahlte Gebühren können mit Unterstützung durch eine Verbraucher- oder Schuldnerberatungsstelle zurückgefordert werden. Auch ein kostenloses Verfahren vor dem jeweiligen Ombudsmann ist hier denkbar.

Das P-Konto sollte alle üblichen Bankleistungen einschließen; Einschränkungen wie zum Beispiel »keine Lastschriften möglich« sind nach Auffassung der Verbraucherzentralen unzulässig. **Allerdings:** Ausgenommen vom Gleichheitsprinzip sind Bankdienstleistungen, die Bonität (das heißt Kreditwürdigkeit) des Kontoinhabers voraussetzen. So könnten P-Konto-Inhabern beispielsweise Kreditkarten verwehrt werden.

 Wichtig!

Sollte Ihre Bank die Nutzungsmöglichkeiten des P-Kontos zum Beispiel auf reine Barverfügung und Überweisungen reduzieren, informieren Sie bitte Ihre Verbraucherzentrale (Adressen siehe Seite 194).

Sparen mit dem P-Konto

Durch den neuen P-Kontoschutz ist es erstmals möglich, Restguthaben aus dem nicht ausgeschöpften Freibetrag eines

Monats **einmalig** in den nächsten Monat zu übertragen und damit kleine Rücklagen (maximal bis zur Höhe eines weiteren Freibetrages) anzusparen. Im Folgemonat steht dieser Betrag zusätzlich zum neuen Freibetrag dieses Monats zur Verfügung. Um längerfristig zu sparen, muss dann zunächst das angesparte »alte« Geld des Vormonats verbraucht werden. Dafür kann das nicht verbrauchte neue Geld (aber nur aus dem geschützten Freibetrag dieses Monats) aus diesem Monat wieder in den nächsten Monat übertragen werden und so weiter.

In der Praxis bedeutet das, dass längerfristige Ansparungen bei Einkünften unter dem Freibetrag auf diese Einkommenshöhe beschränkt sind. Bei Problemen mit dem Sparen auf dem P-Konto wenden Sie sich bitte an Ihre Verbraucherzentrale.

Wird das Restguthaben aus dem alten Monat im Folgemonat nicht verbraucht, führt das Kreditinstitut es an den Gläubiger ab, der das Konto gepfändet hat.

Was neben dem Grundfreibetrag geschützt werden kann

In vielen Fällen reicht der Grundfreibetrag von 1.028,89 Euro nicht zum Leben aus.

Wenn Kontoinhaber für Personen sorgen, denen sie gesetzlich zum Unterhalt verpflichtet sind oder auf dem P-Konto Sozialleistungen für die Mitglieder ihrer Bedarfsgemeinschaft entgegennehmen (nach SGB II »Hartz IV« oder SGB XII »Sozialhilfe«, auch ohne dass eine gesetzliche Unterhaltsverpflichtung vorliegt, zum Beispiel bei sogenannten Patchworkfamilien), so können für diese Personen weitere Beträge durch Bescheinigungen geschützt werden.

Für die erste zusätzliche Person kann ein Betrag von pauschal 387,22 Euro geschützt werden, für die zweite bis fünfte Person jeweils 215,73 Euro. Ein Ehepaar mit zwei Kindern erlangt so einen Freibetrag von zunächst 1.847,57 Euro.

Das führt zu folgenden Freibeträgen:

---> 1.416,11 Euro bei Unterhaltspflicht/Sozialleistung für eine Person

---> 1.631,84 Euro bei Unterhaltspflicht/Sozialleistungen für zwei Personen

---> 1.847,57 Euro bei Unterhaltspflicht/Sozialleistungen für drei Personen

---> 2.063,30 Euro bei Unterhaltspflicht/Sozialleistungen für vier Personen

---> 2.279,03 Euro bei Unterhaltspflicht/Sozialleistungen für fünf oder mehr Personen

Diese Beträge orientieren sich an den unteren gesetzlichen Pfändungsgrenzen, die für die Lohnpfändung gelten. Steigen die Pfändungsfreigrenzen (was nach heutiger Rechtslage alle zwei Jahre zum 1. Juli, frühestens also zum 1. Juli 2013 möglich ist), so erhöht sich entsprechend auch der Freibetrag auf dem P-Konto automatisch.

Darüber hinaus können auf dem P-Konto zusätzlich bestimmte Gutschriften geschützt werden. Das Gesetz listet hierbei ausdrücklich folgende Geldleistungen auf:

---> Kindergeld

---> andere Geldleistungen für Kinder (insbesondere der Kinderzuschlag)

---> einmalige Sozialleistungen (zum Beispiel für eine Klassenfahrt des Kindes) und

---> wiederkehrende (nicht nur einmalige) Sozialleistungen, um einen durch Körper- oder Gesundheitsschaden bedingten Mehraufwand auszugleichen (zum Beispiel Pflegegeld oder Schwerbehindertenzulage).

 Wichtig: Schnell handeln!

Haben Sie ein P-Konto und erwarten einen besonderen Geldeingang, zum Beispiel eine einmalige Leistung für eine Klassenfahrt, so müssen Sie schnell aktiv werden. Informieren Sie sich vorher in der Schuldnerberatung was zu tun ist, um diese Zahlung auf dem Konto zu schützen.

Doch Vorsicht: Kreditinstitute sind zur Auszahlung des Geldes oder zur Überweisung des Guthabens aus diesen Beträgen nur verpflichtet, wenn der Kontoinhaber ihnen durch eine **Bescheinigung** nachgewiesen hat, dass es sich um solche geschützten Geldeingänge handelt beziehungsweise in welcher Höhe Pfändungsschutz besteht (bei Unterhaltsverpflichtungen).

Wer kann eine Bescheinigung ausstellen?

Für die Bescheinigung gibt es kein gesetzlich vorgeschriebenes Formular. Bescheinigen dürfen:

⇢ Arbeitgeber

⇢ Familienkassen

⇢ Sozialleistungsträger (zum Beispiel Job-Center, Sozialamt, Rentenkasse) und

⇢ sogenannte geeignete oder Personen im Sinne des § 305 Insolvenzordnung; dies sind die anerkannten Schuldner- und Verbraucherinsolvenzberatungsstellen (meist die klassischen gemeinnützigen Schuldnerberatungsstellen)

⇢ Rechtsanwälte und Steuerberater.

Allerdings sind die aufgeführten Stellen nicht verpflichtet, die Bescheinigungen auszustellen.

Banken und Sparkassen müssen aussagekräftige Sozialleistungsbescheide oder auch elektronisch erstellte Gehaltsabrechnungen, aus denen sich Unterhaltsverpflichtungen ergeben, als Bescheinigung anerkennen. Gleiches gilt für Bescheide, die die oben erwähnten besonderen Leistungen ausweisen (zum Beispiel Kindergeld, Pflegegeld).

Es gibt außerdem eine gemeinsam von der Arbeitsgemeinschaft Schuldnerberatung der Verbände (AGSBV) und der Deutschen Kreditwirtschaft (früher: Zentraler Kreditausschuss, ZKA) entwickelte Musterbescheinigung (siehe Muster im Anhang auf Seite Seite 199). Wenn dieses von der bescheinigenden Stelle verwendet wird, erleichtern Sie sich den Papierkram und vermeiden Unstimmigkeiten.

 Wichtig: Im Notfall zum Gericht!

Brauchen Sie eine entsprechende Bescheinigung oder Beratung, fragen Sie bei den genannten Anlaufstellen nach, ob Sie eine solche erhalten können. Keine der Stellen, die bescheinigen dürfen, ist dazu verpflichtet. Von deren Ausstattung und Finanzierung – jeweils regional unterschiedlich – hängt ab, ob Ihnen kurzfristig geholfen werden kann. Erhalten Sie über diese Stellen keine oder keine ausreichende Bescheinigung oder akzeptiert Ihre Bank diese nicht, können Sie sich an das Vollstreckungsgericht (Amtsgericht Ihres Wohnortes) oder die Vollstreckungsbehörde wenden (wenn durch einen öffentlichen Gläubiger gepfändet wird, zum Beispiel Finanzamt), das/die dann auf Antrag die pfändungsfreien Beträge bestimmen muss. Dabei müssen Sie häufig nachweisen, warum Sie keine Bescheinigung erhalten haben.

Was mit der Bescheinigung zu tun ist

Die Bescheinigung zum Schutz weiterer Geldeingänge muss der Bank oder Sparkasse vorgelegt werden. Nach einer internen Prüfung durch das Geldinstitut kann der Kontoinhaber dann über die bescheinigten Beträge verfügen.

Wie lange die Bescheinigung gilt, ist nicht gesetzlich geregelt, sondern hängt davon ab, was darin bescheinigt wird und welche Bestimmung das Kreditinstitut trifft. So kann das Kreditinstitut zum Beispiel eine neue Bescheinigung fordern, wenn der zugrundeliegende Sozialleistungsbescheid ausläuft. Wird hingegen die Unpfändbarkeit von Kindergeld bescheinigt, so wird dies in der Regel bis zur Volljährigkeit der Kinder ohne neuen Nachweis akzeptiert. Fragen Sie im Zweifelsfall nach, wann Sie eine neue Bescheinigung vorlegen müssen. Ihre Bank oder Sparkasse muss Sie informieren, für welchen Zeitraum sie die bescheinigten Beträge berücksichtigt. Denn nur so können Sie rechtzeitig vor Ablauf der Frist eine Folgebescheinigung besorgen und der Bank vorlegen.

[!] **Wichtig!**

Machen Sie sich eine Kopie von Ihrer Bescheinigung. Notieren Sie unbedingt selber im Kalender, wann sie wieder aktiv werden müssen, um Bescheinigungen über zusätzliche Freibeträge fristgerecht vorlegen zu können. Auch mögliche Wartezeiten für einen Termin sollten mit eingeplant sein.

Schutz höherer Geldeingänge durch Antrag bei Gericht

Es kann vorkommen, dass das pfändungsfreie Einkommen höher ist als durch das P-Konto und ergänzende Bescheinigungen pauschal geschützt werden kann. Dann kann beim Vollstreckungsgericht (Amtsgericht des Wohnorts) – bei Pfändung durch einen öffentlichen Gläubiger bei deren Vollstreckungsstelle – ein Antrag auf individuelle Kontofreigabe gestellt werden, um einen geschützten Freibetrag zu erhalten, der nach der Pfändungstabelle auch bei einer Lohnpfändung gelten würde. Eine weitere Erhöhung des Freibetrages durch das Gericht ist auch möglich, wenn zum Beispiel mehr als fünf Unterhaltsberechtigte vorhanden sind, der Weg zur Arbeit besonders weit oder die Miete ungewöhnlich hoch ist (siehe Seite 56 f. zur Anhebung der Pfändungsfreigrenzen).

Besonderheiten bei monatlich wechselnden Einkünften

In dem besonderen Fall, dass nicht nur das Konto, sondern auch der Lohn »an der Quelle« beim Arbeitgeber gepfändet wurde und deshalb nur unpfändbares Arbeitseinkommen auf das Konto eingeht, hat der Bundesgerichtshof entschieden: Der Gerichtsbeschluss zur individuellen Kontofreigabe kann auch als sogenannter »Blankettbeschluss« ergehen. Das bedeutet, das Gericht beziffert keine Summe, die dem Schuldner zusteht, denn diese wäre monatlich unterschiedlich und würde monatlich neue Beschlüsse erfordern. Das Gericht gibt vielmehr pauschal jeweils den Betrag frei, der an Arbeitskommen auf dem Konto eingeht. Das Kreditinstitut prüft dann, um welche Summe es sich jeweils handelt (BGH, Beschluss vom 10.11.2011, Aktenzeichen VII ZB 64/10).

Freibetrag sinnvoll nutzen

Um den Freibetrag besser auszunutzen oder wenn eine individuelle Erhöhung des Freibetrags nicht erfolgt ist, kann es manchmal auch schon helfen, die Kontoeingänge zu reduzieren. Möglich ist dies zum Beispiel, indem man den Sozialleistungsträger oder Arbeitgeber bittet, die Miete direkt an den Vermieter zu überweisen.

 Wichtig!

Liegen Ihre Geldeingänge über dem, was in der Bescheinigung als unpfändbar ausgewiesen ist, sollten Sie sich in der Schuldnerberatung beraten lassen, ob ein solcher Antrag bei Gericht Sinn macht. Das gilt insbesondere dann, wenn Ihr Einkommen schon beim Arbeitgeber gepfändet wird.

Ebenso kann veranlasst werden, Gutschriften direkt auf ein eigenes P-Konto der berechtigten Person leisten zu lassen (zum Beispiel sollte Unterhaltsvorschuss oder Unterhalt auf ein eigenes Konto, gegebenenfalls auch auf ein P-Konto des Unterhaltsberechtigten gezahlt werden, da diese Zahlungen nicht per Bescheinigung geschützt werden können). Viele Kreditinstitute bieten kostenlose Konten für Minderjährige an.

Weiterer Ausweg: Das P-Konto für unpfändbar erklären lassen

Kann der Kontoinhaber mithilfe seiner Kontoauszüge nachweisen, dass in den letzten sechs Monaten nur unpfändbare Beträge auf sein P-Konto geflossen sind und kann er glaubhaft machen, dass dies auch in den folgenden zwölf Monaten zu erwarten ist, kann das Vollstreckungsgericht auf Antrag (§ 850 l ZPO) anordnen, dass das P-Konto für längstens zwölf Monate nicht gepfändet werden kann. Damit wäre das Konto insgesamt frei und auch vor weiteren Pfändungen geschützt. Rechtzeitig vor Ablauf muss jeweils ein neuer Antrag gestellt werden. Diese Möglichkeit besteht vor allem für Menschen, bei denen (in absehbarer Zeit) keine Verbesserung der Einkommenssituation zu erwarten ist, zum Beispiel Rentner, Alleinerziehende mit kleinen Kindern, Menschen ohne Ausbildung oder in einer Weiterbildungsmaßnahme etc., aber auch in den Fällen einer Doppelpfändung von Arbeitslohn und Girokonto. Denn hier geht regelmäßig nur unpfändbares Arbeitseinkommen auf das Konto ein.

7 Was tun, wenn Sie auf der »schwarzen Liste« stehen?

Stichwort: Eintragung bei der SCHUFA

Bei der SCHUFA (»Schutzgemeinschaft für allgemeine Kreditsicherung GmbH«) werden fast alle eingetragen, die einen Kredit aufgenommen haben. Eingerichtet wurde die SCHUFA unter anderem für Banken, Sparkassen, Versandhäuser, Kaufhäuser, Kreditkarten- und Leasing-Gesellschaften und Wohnungsbaugesellschaften – also Unternehmen, die gewerblich Kredite vergeben.

Wichtig!

Wer nur Schulden beim privaten Vermieter oder Unterhalt an Familienangehörige nicht gezahlt hat, wird in der Regel nicht bei der SCHUFA eingetragen.

Fast jeder hat schon einmal indirekt mit der SCHUFA zu tun gehabt: Die Eröffnung eines Kontos wird nämlich dort eingetragen. Wird ein Kredit aufgenommen, wird's auch der SCHUFA gemeldet. Die meisten weiteren Vorgänge, die den Kredit betreffen, werden ebenfalls bei der SCHUFA registriert.

Wenn die Bank einen Kredit stundet, umschuldet oder die Laufzeit verlängert und damit die Raten senkt, führt das nicht zu einer negativen Eintragung bei der SCHUFA. Anders, wenn nicht mehr pünktlich gezahlt, der Kredit gekündigt oder ein Vollstreckungsbescheid zugeschickt wird – dann ist es mit der »sauberen SCHUFA« vorbei.

Daten sind mindestens so lange bei der SCHUFA gespeichert, wie Kredit oder Bürgschaft laufen. Negative Eintragungen (zum Beispiel Zahlungsverzug, Kreditkündigung, Mahnverfahren) werden in der Regel automatisch nach drei Jahren gelöscht. Die sonstigen Daten bleiben nach Rückzahlung eines Kredits noch drei weitere Kalenderjahre im Computer.

 Wichtig!

Ihre Bank muss der SCHUFA melden, wenn Sie Ihren Kredit vorzeitig abbezahlt haben. Dieser Erledigungsvermerk bleibt drei Jahre lang gespeichert. Bei künftigen Krediten kann Ihnen ein solcher Vermerk über vorbildliches Verhalten auch nützen.

Neben den Kreditdaten sind auch noch die Daten aus den Schuldnerverzeichnissen bei den Amtsgerichten gespeichert. Das heißt, wenn Sie eine eidesstattliche Versicherung abgegeben haben, erfahren die Geldinstitute das automatisch. Nach drei Jahren macht das zuständige Amtsgericht eine Mitteilung an die SCHUFA, dass die Eintragung ins Schuldnerverzeichnis gelöscht wurde. Die SCHUFA muss dann auch den Vermerk über die Eintragung ins Schuldnerverzeichnis löschen. Haben Sie schon vorher Ihre Schulden bereinigt, müssen Sie selbst bei Gericht die Löschung beantragen und können auch von der SCHUFA verlangen, die Eintragung zu löschen (§ 915 g ZPO).

Durchlaufen Sie das Verbraucherinsolvenzverfahren, um sich von Ihren Schulden zu befreien, werden hierzu ebenfalls verschiedene Merkmale von der SCHUFA gespeichert: Nicht nur die Eröffnung und die Aufhebung des Verbraucherinsolvenzverfahrens werden nach Ende des dritten Jahres nach Aufhebung oder Einstellung des Verfahrens wieder gelöscht, auch der Vermerk über die Erteilung (oder Versagung) der Restschuldbefreiung bleibt noch drei Jahre gespeichert.

Fragen Sie notfalls nach!

Seit dem 1. April 2010 haben Sie die Möglichkeit, einmal jährlich bei der SCHUFA (und bei jeder anderen Auskunftei) eine kostenlose Selbstauskunft einzuholen und so zu erfahren, was über Sie gespeichert ist. Am einfachsten geht die Bestellung der Selbstauskunft online unter www.meineschufa.de. Dort erhalten Sie umfassende Auskunft zu allen Daten, die über Sie gespeichert sind sowie über alle Anfragen, die Vertragspartner der SCHUFA in den letzten zwölf Monaten zu Ihrer Person gestellt haben. Diese Angaben sollten Sie äußerst aufmerksam prüfen. Tests haben gezeigt, dass die gespeicherten Daten oft fehlerhaft sind. Nicht selten sind sie unvollständig, veraltet oder schlichtweg falsch.

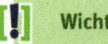

Wichtig!

Stellen Sie fest, dass bei Ihren Daten etwas nicht stimmt, so haben Sie einen Anspruch, dass der Fehler korrigiert wird. Dazu müssen Sie sich erneut an die SCHUFA wenden. Danach können Sie nochmals kostenlos kontrollieren, ob die Korrektur richtig erfolgt ist. Wollen Sie aus einem anderen Grund innerhalb eines Jahres erneut Auskunft, so ist diese dann kostenpflichtig.

Zusätzlich bietet die SCHUFA eine kostenpflichtige sogenannte Bonitätsauskunft (derzeit: 18,50 Euro). Diese ist geeignet, um einem Dritten die Einschätzung der wirtschaftlichen Situation seines Vertragspartners zu erlauben. Das kann beispielsweise der Fall sein, wenn Ihr neuer Vermieter eine entsprechende Auskunft verlangt. Die Bonitätsauskunft enthält jedoch zum Beispiel keine Namen Ihrer Geschäftspartner, damit der Vermieter zwar sehen kann, dass Sie keinen gekündigten Kredit haben, aber nicht erfährt, wo Sie sich Geld geliehen haben.

Scoring – Der Blick in die Glaskugel

Wenn Ihnen die bestellte Ware nur per Nachnahme geliefert wird, Sie den gewünschten Handyvertrag nicht erhalten oder die Ihnen angebotenen Kreditzinsen deutlich über den in der Werbung genannten liegen, könnte Scoring im Spiel sein.

Seit einiger Zeit verdienen Auskunfteien wie die SCHUFA, Creditreform, Bürgel und viele andere ihr Geld auch damit, dass sie die wahrscheinliche Zahlungsfähigkeit des einzelnen Verbrauchers berechnen, das heißt, einen sogenannten Score-Wert bilden. Je schlechter Ihr Wert ist, desto schlechter sind auch die Konditionen, die Ihnen angeboten werden – bis hin zur Ablehnung eines Vertrags. Unternehmen aus dem Telekommunikationsbereich, dem Versandhandel, Kreditinstitute und andere kaufen diese Werte, um ihr eigenes Risiko bei einem Vertragsabschluss mit Ihnen möglichst klein zu halten und die angebotenen Vertragskonditionen entsprechend anzupassen. Einige Unternehmen, zum Beispiel Kreditinstitute, führen auch selbst Scoring-Verfahren durch.

 Wichtig!

Berechnet wird nur, wie wahrscheinlich es ist, dass Sie Ihre Verpflichtungen erfüllen können. Dies geschieht, indem man aus Ihren Daten und dem Verhalten vergleichbarer Kunden Rückschlüsse zieht.

Das Bundesdatenschutzgesetz schreibt vor, dass die erhobenen Daten für die Wahrscheinlichkeitsberechnung der Zahlungsfähigkeit erhebliche Bedeutung haben müssen. Zulässige »erhebliche« Daten zur Ermittlung des Score-Werts wären hierbei zum Beispiel persönliche Daten wie Anzahl der Familienmitglieder und Unterhaltsberechtigten, Einkommens- und Vermögensverhältnisse, regelmäßige Belastungen oder das Zahlungsverhalten aus Kontoführung und Darlehen.

Nicht erlaubt ist hingegen zum Beispiel ein Score-Wert, der nur den Wohnort einbezieht. Das wäre diskriminierend. Wer in einem Stadtteil mit angeblich überwiegend Menschen von »niedrigem sozialen Status« lebt, bekäme sonst unter Umständen allein deshalb schlechtere Konditionen.

Wichtig!

Entscheidet ein Unternehmen über den Vertragsschluss oder die Konditionen nur aufgrund Ihres Score-Wertes, muss es Ihnen außerdem bei einer Ablehnung die wichtigsten Gründe mitteilen und erläutern.

Auch bei den Score-Werten gibt es einen Anspruch auf kostenlose, ausführliche Auskunft – sowohl gegenüber der Auskunftei, die den Score-Wert berechnet als auch gegenüber dem Unternehmen (zum Beispiel Kreditinstitut), das den Wert verwendet. Das Recht auf Auskunft umfasst die in den letzten sechs Monaten (Auskunfteien: zwölf Monate) gespeicherten Score-Werte, den aktuellen Wert, die Datenarten, die in die Berechnung eingeflossen sind, sowie Angaben über das Zustandekommen und die Bedeutung des Wertes. Diese Auskunft soll helfen zu überprüfen, ob die gespeicherten und bei der Berechnung verwendeten Daten richtig sind. Auf dieser Grundlage können dann Maßnahmen ergriffen werden, um den Wert zu verbessern.

Werden falsche Daten nicht korrigiert oder wird die Auskunft nicht oder nicht vollständig erteilt, sollte die jeweils zuständige Aufsicht für den Datenschutz auf Länderebene eingeschaltet werden. Die Adressen sind auf der Internetseite des Bundesbeauftragten für den Datenschutz (www.bfdi.bund.de) zu finden.

Allgemeine Informationen über das Scoring-Verfahren und relevante Adressen gibt es auch bei den Verbraucherzentralen (Adressen siehe Seite 194 f.).

Was tun, wenn die Schlägertypen vor der Tür stehen?

8

2

Stichwort: Inkassobüros

An der Tür von Julietta Fischer klingelt es. Zwei breitschultrige junge Männer in Lederjacken bedrohen sie: Wenn sie nicht bald ihre Schulden bezahle, würde sie massiven Ärger bekommen. Mit Mühe kann Julietta Fischer sie daran hindern, ihre Wohnung zu betreten. Zum Glück bleibt die junge Frau selbstbewusst. Sie sagt ihnen immer wieder, dass sie kein Geld im Haus habe und auch nichts unterschreiben werde. Ihre Nachbarin hört den Streit auf der Treppe und kann später als Zeugin aussagen, als Julietta Fischer die beiden Männer wegen Nötigung bei der Polizei anzeigt.

Ein Musterschreiben, mit dem Sie unzulässiges Verhalten von Inkassobüro-Mitarbeitern anzeigen können, finden Sie auf Seite 68. Bitte ergänzen Sie das jeweils Zutreffende!

Bei Julietta Fischer hatte das Inkassobüro SCHULDNERPLAGE keinen Erfolg. In vielen anderen Fällen schaffen es diese Schuldeneintreiber, Leuten Angst einzujagen und obendrein noch abzusahnen. Denn oft stellen Inkassobüros Schuldnern für ihre Eintreiberdienste Gebühren in Rechnung, die diese überhaupt nicht zahlen müssten.

Inkassobüros werden meist von Firmen beauftragt, die viele Geschäfte abwickeln und denen häufig Geld geschuldet wird – Versandhäuser oder Banken zum Beispiel. Diese großen Häuser wollen mit dem Eintreiben ihrer Forderungen keinen Ärger haben und überlassen das lieber den Firmen, die darauf spezialisiert sind. Mit Hilfe einer Mitteilung über Zahlungsunfähigkeit (siehe Musterbrief Seite 69 an den oder die Gläubiger) kann man sich vor der Einziehung offener Forderungen durch Inkassobüros schützen.

Musterbrief zur Erstattung einer Anzeige bei der Staatsanwaltschaft wegen unzulässigem Inkasso und gegebenenfalls weiterer Tatbestände

An die Staatsanwaltschaft (Adresse)   *Ort, Datum*

Sehr geehrte Frau Staatsanwältin,
sehr geehrter Herr Staatsanwalt,
am ... (Datum des Vorfalls) haben mich ... (Name, Adresse)... (Anzahl und Ge-
schlecht der Mitarbeiter, zum Beispiel zwei Männer und eine Frau) *in ...* (Ort des
Vorfalls, zum Beispiel in meiner Wohnung oder auf der Straße vor meiner Wohnung) *angesprochen und sich als Mitarbeiter der Firma ...* (hier Name der Firma,
falls bekannt; falls nicht: als Mitarbeiter eines Inkassobüros) *vorgestellt.*

Sie machten eine Forderung ... (hier der »Auftraggeber«, zum Beispiel der Firma
Meyer oder des Herrn Müller) *geltend.*

Sie sagten dabei ... (hier eine möglichst genaue und nicht übertriebene Schilde-
rung des Ablaufs, insbesondere auch Andeutungen über das weitere Vorgehen,
tatsächliche oder angedrohte Gewalt, die Weigerung trotz Aufforderung zu gehen, Befragung von Nachbarn, auffälliges Verfolgen, Klingeln oder auffallendes
Verweilen nach Ende des »Besuchs«)

Anwesend waren ... (hier die Namen und Adressen von Zeugen aufführen. Auch
angeben, wenn die Zeugen nur einen Teil verfolgt haben).

Durch das Verhalten (Auftreten) dieses (dieser) Mitarbeiter(s) des Inkassobü-
ros fühlte ich mich sehr bedrängt/bedroht/unter Druck gesetzt/getäuscht (bitte
Alternativen auswählen). *Ich möchte Sie bitten zu überprüfen, ob die genannte*
Firma eine Zulassung als Inkassobüro hat und ich stelle wegen aller in Betracht
kommenden Straftatbestände aus oben beschriebenem Sachverhalt Strafantrag
gegen alle Beteiligten (auch gegen den Auftraggeber). Ich bitte Sie, mich über den
Verlauf des Verfahrens zu informieren.

Mit freundlichem Gruß
Unterschrift

Musterbrief: Mitteilung über Zahlungsunfähigkeit

... hiermit möchte ich Sie darüber informieren, dass ich auf absehbare Zeit nicht in der Lage sein werde, die bei Ihnen offenen Rechnungen zu bezahlen. Ich bin seit über einem Jahr arbeitslos. Auch wird mein Arbeitslosengeld wegen Überschuldung gepfändet.

Bitte nehmen Sie daher davon Abstand, die Einziehung der Forderung einem Inkassobüro zu übertragen. Da ich Sie hiermit über meine Zahlungsunfähigkeit informiert habe, bin ich nicht bereit, etwaige Inkassokosten zu übernehmen.

2

Was Sie wissen müssen, wenn Sie es mit Inkassobüros zu tun bekommen

Den großen Gläubigern ist es oft sehr viel wert, das Eintreiben der Schulden von anderen Firmen erledigen zu lassen. Dafür verzichten sie auch schon mal auf einen erheblichen Teil des ursprünglichen Geschäfts. Manchmal »kaufen« ihnen Inkassounternehmen die Forderungen ab und müssen dafür nur einen Bruchteil der ursprünglichen Forderung (5 bis 15 Prozent) bezahlen.

Beispiel

Sie haben bei einem Versandhaus 1.000 Euro Schulden. Das will mit dem Eintreiben des Geldes nichts zu tun haben und verkauft die Forderung an ein Inkassobüro für nur 150 Euro. Zahlen Sie jetzt Ihre Schuld von 1.000 Euro an das Inkassobüro, macht das einen Gewinn von 850 Euro. Wenn Sie dagegen nur 500 Euro zahlen, steht das Büro immer noch gut da. Auf diese Weise erwirtschaftet es 350 Euro, also einen Gewinn von über 200 Prozent.

Die goldenen Regeln für den Umgang mit Inkassobüros

1. Auch wenn der Brief noch so amtlich aussieht: Ein Inkasso-unternehmen ist eine rein private Firma. Seien Sie also miss-trauisch.

2. Lassen Sie sich immer die Abtretungserklärung oder die Inkassovollmacht (= Vollmacht, das Geld entgegenzuneh-men) zuschicken beziehungsweise zeigen. Solange Sie diese Schriftstücke nicht in der Hand haben, sollten Sie auf Schrei-ben und Anrufe des Inkassobüros nicht reagieren. Sie wollen schließlich nicht an jemanden zahlen, der nicht berechtigt ist, von Ihnen Geld zu verlangen.

3. Verlangen Sie vom Inkassobüro eine detaillierte Aufstellung der Forderungen und eine genaue Bezeichnung sowohl der Ursprungsforderung als auch des Gläubigers mit vollständi-ger Adresse.

4. Überprüfen Sie, ob die geltend gemachte Hauptforderung berechtigt ist. Haben Sie mit dem angegebenen Gläubiger die beschriebenen Geschäfte gemacht? Besondere Vorsicht ist bei Abo-Verträgen aus dem Internet, Kreditvermittlern und Gewinnversprechen geboten. Im Zweifel lassen Sie sich durch einen Rechtsanwalt oder eine Verbraucherzentrale beraten.

5. Erkennen Sie nichts an, zahlen und unterschreiben Sie nichts, solange Sie sich nicht von einer Verbraucher- oder Schuldnerberatungsstelle haben beraten lassen. Auch wenn Sie nur einen Euro an das Inkassobüro zahlen, kann das gefährlich sein. Damit haben Sie unter Umständen juristisch anerkannt, dass Sie zahlen müssen und können sich nicht mehr auf eine mögliche Verjährung der Forderung berufen.

6. Fordern Sie das Inkassobüro auf, dass es seine Kosten belegt. Das sollten Sie auch dann tun, wenn Sie bereit sind, den Hauptbetrag, der von einer anderen Firma dem Büro überlassen wurde, zu bezahlen. Sie wollen ja schließlich nur das bezahlen, was Sie auch bezahlen müssen.

Unter Umständen müssen Sie überhaupt keine Kosten des Büros übernehmen:

⟶ Haben Sie den ursprünglichen Gläubiger (also das Versandhaus oder die Bank) frühzeitig informiert, dass Sie nicht zahlen können, müssen Sie die Kosten des Inkassobüros nicht zahlen (Entscheidung des Oberlandesgerichts Frankfurt, abgedruckt im Rechtsprechungsreport der Neuen Juristischen Wochenschrift 1990, Seite 729). Der Gläubiger darf die »Nebenkosten« nicht sinnlos in die Höhe treiben (siehe Musterbrief Seite 32).

⟶ Hat Ihr Gläubiger noch keinen »Titel« (einen Vollstreckungsbescheid, ein Urteil oder Ähnliches), müssen Sie normalerweise nicht für Inkassokosten plus Rechtsanwaltskosten der Gegenseite aufkommen. Denn der Gläubiger hat eine Schadenminderungspflicht. Das heißt: Er darf nicht endlos Kosten verursachen und von Ihnen dann verlangen, diese zu tragen. Kann er absehen, dass es zu einem Prozess über die Forderung kommen wird, weil Sie die Forderung nicht akzeptieren und hiergegen Einwände geltend gemacht haben, dann darf er nicht erst ein Inkassobüro einschalten. Denn das darf nur außergerichtlich tätig werden oder einen Mahnbescheid beantragen und danach müsste der Gläubiger ohnehin noch einen Rechtsanwalt beauftragen. Das würde aber doppelte Kosten verursachen. Wäre gleich ein Rechtsanwalt eingeschaltet worden, hätte dieser die außergerichtliche Mahnung ohne zusätzliche Gebühren mit erledigt.

⟶ Selbst wenn der Gläubiger einen Titel hat, darf er das Inkassobüro nur einschalten, wenn dies wirtschaftlich und sinnvoll erscheint. Es ist aber normalerweise weder wirtschaftlich noch sinnvoll, ein Inkassobüro zu beauftragen, wenn eine Vollstreckungsmaßnahme beantragt werden soll, die das Inkassobüro für den Gläubiger gar nicht vornehmen dürfte.

Sehr häufig sind Inkassokosten viel zu hoch:

→ Inkassokosten dürfen nicht höher sein als Rechtsanwaltsgebühren. Kommen Ihnen die Kosten zu hoch vor, lassen Sie diese bei einer Verbraucher- oder Schuldnerberatungsstelle überprüfen.

→ Pro Mahnbrief darf das Inkassobüro nur die ungefähren Portokosten berechnen. Manche stellen jedoch bis zu 20 Euro in Rechnung. Wehren Sie sich mit dem Hinweis auf die Entscheidungen der Oberlandesgerichte Hamm und Stuttgart (OLG Hamm in der Zeitschrift Rechtsprechungsreport der Neuen Juristischen Wochenschrift 1992, Seite 444; siehe auch Entscheidung des OLG Stuttgart, dieselbe Zeitschrift 1988, Seite 1082).

→ Geht es um einen Kredit und werden Ihnen sogenannte Verzugszinsen in Rechnung gestellt, sind weitere Mahngebühren unzulässig. Denn mit den Verzugszinsen wird der Aufwand fürs »Mahnen« abgegolten (ein entsprechendes Urteil des Bundesgerichtshofs ist veröffentlicht in der Neuen Juristischen Wochenschrift 1988, Seite 1971).

→ Manche Büros stellen auch eine Vergleichs- oder Einigungsgebühr in Rechnung. Eine Vergleichsgebühr ist unzulässig, wenn sich der Gläubiger einfach nur auf eine Ratenzahlung eingelassen hat (ein entsprechendes Urteil des Landgerichts Mainz ist veröffentlicht in der Zeitschrift Juristisches Büro 2002, Seite 646). Seit dem 1. Juli 2004 ist die Vergleichs- durch die Einigungsgebühr abgelöst worden. Damit gelten seither andere Voraussetzungen, um diese überhaupt berechnen zu können. Allerdings ist gerichtlich noch nicht geklärt, ob Einigungsgebühren auch von Inkassobüros erhoben werden dürfen. Jedoch: Wenn die Forderung in der Ratenzahlungsvereinbarung anerkannt wird, dürfen Inkassobüros keine Einigungsgebühr erheben.

---> Sind Sie umgezogen, macht das Büro vielleicht Kosten für einen Detektiv oder sonstige hohe Kosten für die Ermittlung Ihrer neuen Adresse geltend. Diese Kosten müssen Sie nur zahlen, wenn es wirklich kompliziert war, Sie zu finden. Lassen Sie sich genau belegen, was das Inkassounternehmen getan hat.

---> Sie müssen auch nicht zahlen, wenn der Geldbetrag per Nachnahme eingefordert wird. Nehmen Sie die Nachnahmesendung möglichst gar nicht an, denn die Nachnahmegebühren werden Ihnen später nur wieder als Kosten angerechnet. Das sind aber unverhältnismäßig hohe Kosten – und die sind wegen der Schadenminderungspflicht des Gläubigers unzulässig.

7. Vorsicht bei ausländischen Inkassounternehmen: Die dürfen nach Ansicht einiger Gerichte in Deutschland keine Forderungen eintreiben. Sitzt die Firma in der Schweiz, in Liechtenstein oder auf den Bahamas, holen Sie sich unbedingt bei einer Verbraucher- oder einer Schuldnerberatungsstelle Unterstützung. (Das Landgericht München hat zum Beispiel in einem Beschluss vom 28.6.1978 entschieden, dass man in diesen Fällen überhaupt nicht zahlen muss; Aktenzeichen 20 T 7804/78, veröffentlicht in der Deutschen Gerichtsvollzieherzeitung 1979, Seite 10. Vergleiche auch Urteil des Europäischen Gerichtshofs vom 12.12.1996, Aktenzeichen C 3/96, veröffentlicht im Anwaltsblatt 1997, Seite 114.)

9

Was tun, wenn Sie anstelle Ihres (Ex-)Ehepartners zahlen sollen?

Stichwort: Schulden in der Ehe/Bürgschaften

»Soll ich etwa alles allein zahlen? Bei denen piept's wohl!« –
Christiane Faltin hat ein Schreiben von der Bank bekommen. Sie
soll die restlichen 10.000 Euro für einen Kredit abbezahlen, den
sie und ihr geschiedener Mann Manfred zu Ehezeiten aufgenommen hatten. Manfred ist jetzt arbeitslos, also droht die Bank,
sich alles von Christiane zu holen.

Die Schulden Ihres Partners sind nicht automatisch Ihre Schulden!
Die Grundregel lautet: Es kommt darauf an, wer unterschrieben hat. Haben Sie nicht unterschrieben, haften Sie nicht. Nur
wenn Sie verheiratet sind, gibt es eine kleine Ausnahme für
Geschäfte des täglichen Lebens. Diese »Geschäfte zur Deckung
des Lebensunterhalts der Familie« umfassen im Einzelfall möglicherweise den Kauf einer Waschmaschine, aber niemals die
Aufnahme eines Darlehens. Hat Ihr (Ex-)Mann allein einen Kredit
aufgenommen, so müssen Sie nicht zahlen. Deswegen sind
auch Schulden, die Ihr Partner mit in die Ehe gebracht hat, nicht
automatisch Ihre Schulden. Haben Sie dagegen gemeinsam unterschrieben, so sind Sie grundsätzlich verantwortlich.

Überprüfen Sie in Ihren Unterlagen vor allem dann wer unterschrieben hat, wenn Ihnen eine Mahnung oder ein Vollstreckungsbescheid zugeschickt wird. Zahlen Sie nicht nur deshalb,
weil auf einer Rechnung Ihr Name steht.

Wenn man von Ihnen etwas fordert, ohne dass Sie selbst einen
Vertrag unterschrieben haben, dann sollten Sie sofort aktiv werden, damit Sie nicht zu Unrecht etwas zahlen müssen.

Im Fall von Christiane Faltin stellt sich schnell heraus, dass Christiane grundsätzlich zur Zahlung verpflichtet ist, weil beide Eheleute den Kreditvertrag bei der Bank unterschrieben hatten. Wenn sich mehrere Personen durch ihre Unterschrift zur Rückzahlung verpflichtet haben, kann sich die Bank aussuchen, von wem sie das Geld zurückholt. Hat Christiane alles gezahlt, ist es ihre Sache, Manfreds Anteil wiederzubekommen. Ihr Pech, wenn der ihr auf lange Zeit nichts geben kann.

Mitgefangen – mitgehangen?

Das Gesetz ist in diesem Punkt absolut eindeutig und gilt selbst dann, wenn Sie sich beim Abschluss des Vertrags, etwa zur Finanzierung Ihrer Wohnungseinrichtung oder eines Familienautos, wirtschaftlich völlig überfordert haben. Das Argument, dass man Ihnen bei Ihrem Einkommen diesen Kredit erst gar nicht hätte geben dürfen, zählt nicht. Etwas anders sieht die Rechtsprechung aus, wenn Sie ein Darlehen mit aufgenommen oder für Gelder gebürgt haben, die nur und ausschließlich einem anderen, etwa Ihrem Ehegatten, zugeflossen sind. Diese Besonderheit gilt auch, wenn ein genau zu bestimmender Teil des Darlehens nur für den anderen benutzt wurde. So können auch Geschäftskredite eines Ehepartners den anderen in große Schwierigkeiten bringen. Banken vergeben Kredite häufig nur, wenn auch die Familienangehörigen (meist die Ehefrau oder die volljährigen Kinder) Vertragspartner werden oder aber zumindest eine Bürgschaft unterschreiben. Die wissen vielleicht nicht genau, was eine Bürgschaft bedeutet. Oder sie unterschreiben aus Liebe zum Ehemann oder Vater, nach dem Motto: »Es wird schon alles gut gehen.«

Immer wieder passiert es aber, dass der Mann den Kredit nicht zurückzahlen kann und die Frau oder die Kinder für ihn einspringen müssen. Nur, dass sie selten in der Lage sind, die Riesenbeträge aufzubringen, um die es meist geht.

Es gibt jedoch einen Ausweg: 1993 hat das Bundesverfassungs-
gericht entschieden, dass sich »arme« Ehefrauen und Kinder
unter bestimmten Voraussetzungen ihrer Bürgschaftslast oder
Mithaftung entledigen können. Haben Sie einen Kreditvertrag
mit unterschrieben oder sollen Sie bürgen, lassen Sie unbedingt
kontrollieren, ob Ihr Vertrag mit der Bank nicht sittenwidrig ist.
Das gilt in diesem speziellen Fall selbst dann, wenn die Gegenseite sich einen Titel, etwa einen Vollstreckungsbescheid, über
die angebliche Forderung verschafft hat.

Folgende Anhaltspunkte sprechen dafür, dass der Vertrag **ungültig** sein könnte:

1. Hatten Sie zurzeit der Unterschrift wenig Einkommen und
   Vermögen, haben aber unterschrieben, für eine sehr hohe
   Summe einzustehen? Wenn zwischen diesen beiden Beträgen ein extremes Missverhältnis bestand, dann gibt es für
   Sie eine Chance, aus dem Vertrag herauszukommen (Beispiel: Eine arbeitslose junge Frau ohne Ausbildung sollte
   für 100.000 Mark haften. Urteil des Bundesverfassungsge-
   richts vom 19.10.1993, Aktenzeichen 1 BvR 567/89. Oder:
   Ein 25-jähriger Student, der von seinem Vater monatlich
   850 Mark bekam, hatte für diesen eine Bürgschaft über
   1,4 Millionen unterschrieben. Urteil des Bundesgerichtshofs
   vom 10.10.1996, Aktenzeichen IX ZR 333/959). **Wichtig ist vor
   allem:** Wären Sie in der Lage gewesen, die laufenden Zinsen
   der Hauptschuld aufzubringen? Wenn nein, ist das ein star-
   kes Indiz für Sittenwidrigkeit (Beispiel: Nicht berufstätige
   Mutter von drei kleinen Kindern übernimmt für Ehemann
   Darlehensschuld in Höhe von 47.000 Mark. Sittenwidrig laut
   Urteil des Bundesgerichtshofs vom 14.11.2000, Aktenzeichen XI ZR 248/99. Oder: Mann bürgt über 1,65 Millionen
   für Lebensgefährtin, und hätte bei einem maximalen Einkommen von 4.000 Mark monatlich über 12.000 Mark Zinsen bezahlen müssen. Urteil des Bundesgerichtshofs vom
   27.1.2000, Aktenzeichen IX ZR 198/98).

2. In mehreren Entscheidungen wurde inzwischen bestätigt: Hatten Sie zum Zeitpunkt der Unterschrift des Darlehensvertrags oder der Bürgschaftserklärung so wenig pfändbares Einkommen und Vermögen (es gelten dabei die schon dargestellten Pfändungsregeln), dass Sie die anfallenden Zinsen nicht dauerhaft zahlen können, so wurden Sie wirtschaftlich überfordert.

   Wenn dies der Fall ist, dann wird unterstellt, dass die Bank Ihre Zwangslage ausgenutzt hat. Denn als Ehefrau oder auch wenn Ihre Kinder oder Eltern einen Kredit brauchen, können Sie ja nicht ohne Weiteres Nein sagen. Ein solches Näheverhältnis, das auch zu einem nicht ehelichen Partner besteht, darf von der Bank nicht ausgenutzt werden. Wichtig: Dies gilt nur, wenn das Geld ausschließlich dem anderen zugeflossen ist. Haben Sie es selbst mitverbraucht oder ausgegeben, dann gilt diese Regelung nicht. Besonders leicht ist dies festzustellen, wenn mit einem solchen Darlehen nur die Schulden des anderen abgelöst oder umgeschuldet werden. Aber auch wenn dies nur und ausschließlich auf ein Konto des anderen geflossen ist oder für dessen Hobby (zum Beispiel ein Reitpferd) verwendet wurde, können Sie beweisen, dass Sie keinen unmittelbaren wirtschaftlichen Vorteil hatten. Mittlerweile ist sogar eine Begrenzung der Haftung für den Teil des Darlehens möglich, von dem Sie mitprofitiert haben.

   Wenn Sie unter diesen Bedingungen für einen anderen ein Darlehen mit unterschrieben oder gebürgt haben, ist dies sittenwidrig. Das bedeutet, dass die ganze Verpflichtung unwirksam ist.

3. Hat die Bank Ihre Zwangslage oder etwa Ihre wirtschaftliche Unerfahrenheit aktiv ausgenutzt, so sieht die Rechtsprechung selbst dann eine Sittenwidrigkeit, wenn Sie nicht wirtschaftlich überfordert waren. Ein typisches Beispiel hierfür ist, wenn die Bank Ihnen im Rahmen der Kreditverhandlungen über ein Darlehen für Ihren Ehegatten geschrieben hat, dass Ihr Mann nur Geld bekommt, wenn Sie mit unterschrei-

ben. In einem solchen Fall müssen Sie jedoch beweisen, dass die Bank so gehandelt hat. Haben die Verhandlungen nur mündlich stattgefunden, so wird Ihnen das im Nachhinein kaum möglich sein.

In allen Fällen, in denen Sie sich in einem Darlehensvertrag oder einer Bürgschaftserklärung verpflichtet haben, gegebenenfalls die Schuld eines Anderen zu bezahlen, sollten Sie sich von einem Profi beraten lassen, ob diese Verpflichtung zu Recht besteht.

Eine erste Einschätzung, ob der Weg zu einem Rechtsanwalt lohnt, kann Ihnen die Schuldnerberatung geben.

Verhandeln Sie auf jeden Fall mit der Bank!

Selbst wenn Ihr Kreditvertrag nicht als »sittenwidrig« anzusehen ist, empfiehlt es sich, mit der Bank oder dem jeweiligen Gläubiger zu verhandeln. Immer wieder erklären sich Geldinstitute bereit, den einen Partner nach Zahlung seines Anteils in Ruhe zu lassen – ihn, wie es im Juristendeutsch heißt, danach »aus der Haftung zu entlassen«.

Bei der Scheidung das Problem angehen

Sprechen Sie das Schuldenproblem unbedingt bei den Scheidungsverhandlungen an. Nutzen Sie die Gelegenheit, dass Ihnen in dieser Situation ohnehin ein Anwalt beisteht. Und kündigen Sie so schnell wie möglich das gemeinsame Konto, damit Ihr Ex-Partner dies nicht »aus Versehen« noch einschließlich des Dispokredits ausschöpft. Läuft das Konto auf Ihrer beider Namen, kann die Bank sich aussuchen, von wem sie den Kontoausgleich fordert.

Wenn Sie mit Ihrem Ex-Partner eine Vereinbarung getroffen haben, schreiben Sie anschließend an die Gläubiger und teilen diesen mit, wie Sie Ihre Schulden untereinander aufgeteilt haben (siehe Musterbrief rechts). Versuchen Sie mit den Gläubigern auszuhandeln, dass Ihr gemeinsamer Kredit in zwei kleine aufgeteilt wird – oder dass Sie möglicherweise sogar ganz aus der Haftung entlassen werden.

Erst wenn die Bank einwilligt, können Sie sicher sein, dass sie nicht noch nach Jahren auf Sie zukommt. Solange Sie nicht direkt mit der Bank ausgemacht haben, dass Ihr Anteil begrenzt wird, muss diese nicht interessieren, wie die Vereinbarung mit Ihrem Partner aussieht.

Musterbrief: Entlassung aus Vertragsverpflichtung

... hiermit teile ich Ihnen mit, dass mein Mann, Jörg Knapp, und ich uns getrennt haben. Da ich wegen der Betreuung der gemeinsamen Kinder von drei und fünf Jahren auf absehbare Zeit kein eigenes Einkommen erzielen werde und gegenüber meinem Mann unterhaltsberechtigt bin, wurde vereinbart, dass mein Mann das Darlehen allein weiter bedienen wird. Ich bitte Sie daher, mich aus dem Vertrag zu entlassen.

Ihre Interessen dürften durch diese Lösung nicht beeinträchtigt werden, da für Sie bei der Einschätzung der Kreditwürdigkeit ohnehin nur das Einkommen meines Mannes von Bedeutung war. Eine Gefahr der Vermögensverschiebung besteht ohnehin nicht mehr: Angesichts der eindeutigen Aufteilung der vertraglich abgesicherten Kinderbetreuung seit der Trennung kann sich mein Mann Ihrem Zugriff nicht mehr durch »Rollentausch« entziehen.

Anlage: Kopie der Trennungsvereinbarung, Einverständniserklärung von Jörg Knapp

Schulden vor der Hochzeit? Aufpassen!

Christianes Freundin Sabine möchte bald heiraten. Christiane warnt Sabine, weil Jürgen, ihr zukünftiger Mann, Schulden hat. Sabine winkt ab. Sie hat sich kundig gemacht. Für die Schulden von Jürgen haftet sie nicht, es sei denn, sie würde in der Zukunft, etwa bei einer Umschuldung, selber etwas mit unterschreiben. Das ist richtig und völlig unabhängig davon, welchen Güterstand die Eheleute wählen und ob sie einen Ehevertrag machen.

Christiane bleibt misstrauisch, sie hat gehört, dass bei der sogenannten »Zugewinngemeinschaft« (das ist der eheliche Güterstand, in dem die meisten verheirateten Menschen in Deutschland leben) Nachteile entstehen können, wenn die Schulden
im Laufe der Ehe getilgt werden. Doch Sabine weiß es besser:
Das war früher einmal so. Da hat man die Schulden, die mit in
die Ehe gebracht und die im Laufe der Ehe getilgt wurden, beim
Zugewinnausgleich im Fall einer Scheidung nicht berücksichtigt. Das hat sich durch die jüngste Reform des Zugewinnrechts
jedoch geändert und Sabine muss sich deshalb keine Sorgen
mehr machen. Und weil sie nach der Eheschließung nicht einfach in Haftung genommen werden kann, müssen Sabine und
Jürgen auch nicht zum Notar gehen, um einen Ehevertrag zu
schließen.

Aber Sabine ist auch nicht blauäugig. Jürgen hat ihr gebeichtet,
dass er, als er noch alleine lebte, schon mehrfach Besuch vom
Gerichtsvollzieher hatte. In ihrer neuen gemeinsamen Wohnung
war der Gerichtsvollzieher noch nicht. Aber das kann ja noch
kommen. Sabine weiß, dass der Gerichtsvollzieher nach der
Hochzeit in der Wohnung bei allen Gegenständen vermuten darf,
dass sie Jürgen gehören – und das auch bei der teuren Standuhr
von ihrer Oma. Deshalb stellen die beiden jetzt eine Liste auf mit
allem, was Sabine beziehungsweise Jürgen gehört. Soweit wie
möglich legen sie noch Belege bei, aus denen hervorgeht, wer
den Gegenstand bezahlt hat oder woher dieser stammt.

Bei der Uhr schreibt Sabine auf: »Standuhr von Oma zum Abitur.
Zeugen für die Schenkung sind Oma, Mama und Papa«.

Bei allen künftigen Käufen wollen sie diese Liste ergänzen. Dann
kann Sabine für den Fall, dass der Gerichtsvollzieher etwas
pfändet was ihr gehört, ihre Rechte geltend machen und verhindern, dass die Sache zur Tilgung von Jürgens Schulden versteigert wird. Christiane ist beruhigt. Sabine hat sich wohl wirklich
umfassend informiert.

Was tun, wenn es Streit um den Familienunterhalt gibt?

10

2

Stichwort: Unterhaltsschulden

»Sie sollten den Vater Ihres Kindes auf Unterhalt verklagen, Frau Fischer«, rät der Anwalt seiner Mandantin. »Ja, wissen Sie«, stockt Leonie Fischer, »ich will aber nicht, dass er im Gefängnis landet.« Der Anwalt erklärt Leonie Fischer, dass sie sich in diesem Punkt keine Sorgen machen muss. Nur wer mutwillig seine Unterhaltsschulden nicht bezahlt, obwohl er zur Zahlung in der Lage ist, kann ins Gefängnis kommen.

Aber gerade wenn öffentliche Stellen für den Lebensunterhalt der Kinder eintreten müssen (etwa die Agentur für Arbeit oder die Unterhaltsvorschusskasse), wird durchaus auch einmal von der Staatsanwaltschaft ermittelt, ob der Vater nicht doch Unterhalt leisten kann. Dann ist es von Vorteil, wenn man nachweisen kann, dass man wenig verdient oder, falls man keine Arbeit hat, sich darum bemüht. Dann kommt es erst gar nicht zum Strafverfahren.

Bei Leonie Fischer ist es noch lange nicht so weit. Uwe, der Vater ihres kleinen Sohnes, hat bis jetzt keinen Unterhalt überwiesen, obwohl Leonie ihn mehrfach gemahnt hat. Prozessiert hat sie bis jetzt noch nicht gegen ihn, fragt aber bei einem Anwalt nach, wie sie sich verhalten soll.

Der Anwalt rät ihr, den Ex-Freund (im Namen ihres Sohnes) zu verklagen. Damit ließe sie Uwe immer noch viel Spielraum. Wenn er nach einem Gerichtsurteil weiterhin Zahlungen verweigere, habe sie immer noch Zeit, zu überlegen, ob sie ihm tatsächlich den Gerichtsvollzieher auf den Hals schickt oder sein Gehalt pfänden lässt.

Gehen Sie auf Nummer sicher

Ein Prozess gegen Uwe hätte eine ganz wichtige Folge: Es würde quasi »amtlich« festgestellt, dass und wie viel er für seinen Sohn zahlen muss.

Wichtig ist dabei, dass Unterhalt erst ab dem Zeitpunkt zu zahlen ist, ab dem er geltend gemacht wurde. Auch hier bringt das Urteil Sicherheit. Ferner ist das Urteil ein Titel, mit dem notfalls vollstreckt werden kann. Auch ohne ein solches Urteil können die Unterhaltsansprüche ihres Kindes in der Zeit der Minderjährigkeit nicht verjähren. Das heißt, wenn die Unterhaltsansprüche für das Kind nicht gezahlt werden, bleiben diese Schulden stehen und können sogar noch nach der Volljährigkeit des Kindes (diese beginnt hier erst mit 21 Jahren) für mindestens drei Jahre geltend gemacht werden.

Etwas anders sieht das aus, wenn Leoni selbst wegen der Betreuung des Kindes gegen ihren geschiedenen Ehemann Uwe Unterhalt geltend macht. Der Unterhaltsanspruch von geschiedenen Eheleuten untereinander verjährt innerhalb von drei Jahren. Für rückständigen Ehegattenunterhalt (aus der Zeit vor einem Prozess) verlängert ein Urteil diese Verjährung auf 30 Jahre. Für den zukünftigen Ehegattenunterhalt (die Zeit nach dem Prozess) kann mit einem Urteil, beispielsweise indem der Gerichtsvollzieher beauftragt wird, die Verjährung leichter verhindert werden.

Im Ausgangsfall geht es jedoch »nur« um den Unterhalt des Kindes. Selbst wenn hier keine Verjährung droht, so bringt ein entsprechendes Urteil auf jeden Fall Sicherheit. Oft ist es so, dass nach einer gerichtlichen Festlegung weitere Maßnahmen nicht erforderlich sind, weil der andere dann weiß, dass er zur Zahlung verpflichtet ist.

Wie viel Unterhalt Uwe seinem Sohn schuldet, richtet sich nach seinem Einkommen und ist im Übrigen der sogenannten

»Düsseldorfer Tabelle« (**www.olg-duesseldorf.nrw.de)** zu entnehmen. Sie enthält Leitlinien für den Unterhaltsbedarf von
Unterhaltsberechtigten. In den meisten Fällen halten sich die
Gerichte an diese Unterhaltstabelle. Statt Uwe zu verklagen,
könnte Leonie auch direkt zum Sozialamt oder Jugendamt gehen. Entweder bekommt sie für ihr Kind Sozialgeld beziehungsweise -hilfe oder einen Unterhaltsvorschuss. Die Behörden wenden sich dann ihrerseits an Uwe und versuchen, von diesem das
Geld erstattet zu bekommen.

Was tun, wenn ein Familienmitglied stirbt und nichts als »Miese« hinterlässt?

11

Stichwort: Vererbte Schulden

Viele Menschen geraten in große Schwierigkeiten, weil sie das
nicht wissen: Alles geht auf die Erben über – nicht nur die Werte,
sondern auch die »Miesen«!

Unbedingt die Sechs-Wochen-Frist beachten!

Wenn zum Beispiel der verschuldete Ehemann und Vater stirbt,
erben Ehefrau und Kinder automatisch seine Rechte und Pflichten (also auch seine Schulden und Bürgschaftsverpflichtun-
gen) – es sei denn, sie schlagen innerhalb von sechs Wochen
das Erbe aus. Das heißt, dass sie zum Amtsgericht gehen (und
zwar zu der Abteilung, die »Nachlassgericht« heißt) und dort
erklären müssen, dass sie nichts von ihm erben wollen. Die Frist
beginnt mit dem Tag, an dem Ehefrau und Kinder von seinem
Tod erfahren haben oder an dem das Testament bei Gericht vor-
gelesen wurde.

Sollten die Angehörigen erst nach einiger Zeit herausfinden,
dass das Erbe überschuldet ist, gibt es noch einen Rettungs-
anker: Sie können die Annahme der Erbschaft anfechten. Das

heißt, sie erklären beim Nachlassgericht, dass sie sich über eine wesentliche Eigenschaft des Erbes (nämlich die Überschuldung) geirrt haben. Sobald die Angehörigen von der Überschuldung erfahren, haben sie noch sechs Wochen Zeit, um zum Gericht zu gehen. Dort müssen sie dann zum einen die unterlassene Ausschlagung anfechten, zum anderen die Ausschlagung selbst nachholen. Die Frist beginnt, sobald die Angehörigen von der Überschuldung des Erbes erfahren.

Wenn Sie selbst Schulden haben, reden Sie mit Ihren Angehörigen!

Wegen dieser möglichen Schwierigkeiten mit der Erbschaft müssen Ihre Familienmitglieder unbedingt frühzeitig über Ihre Schulden Bescheid wissen. Selbst wenn Sie kerngesund sind – klären Sie, was im Falle eines Falles zu tun wäre! Besprechen Sie auch, ob es Gegenstände mit Erinnerungswert oder Familienerbstücke gibt, die sicherheitshalber schon jetzt in das Eigentum eines anderen Familienmitglieds übergehen sollen. Denn wenn Ihre Angehörigen das Erbe ausschlagen, dürfen diese nicht einmal Ihre Fotos oder Ihre Briefe behalten!

Vorsicht aber, wenn Sie schon jetzt wertvolle Gegenstände übertragen wollen. Lassen Sie sich vorher beraten. Es sollte nicht der Eindruck entstehen, dass Sie vor den Gläubigern Werte beiseiteschaffen.

Alle Fristen versäumt? Es gibt einen Ausweg!

Die Angehörigen können auch beim Amtsgericht das sogenannte »Nachlassinsolvenzverfahren« beantragen. Ein Insolvenzverwalter überprüft dann, wie groß das Erbe ist und bezahlt daraus die Schulden. Das persönliche Vermögen der erbenden Angehörigen wird also nicht angetastet. Selbst wenn dieses Verfahren nicht durchgeführt werden kann, weil die dafür anfallenden Kosten durch das Erbe nicht gedeckt sind, kann sich der Erbe gegen die Vollstreckung der Nachlassgläubiger in das eigene Vermögen wehren. Juristisch nennt sich das Dürftigkeitseinrede – und die führt dazu, dass die Gläubiger des Verstorbenen nur auf

Nachlassgegenstände zugreifen dürfen. Ihr eigenes Vermögen (und Einkommen) ist dann geschützt.

Was tun, wenn die Wohnung gekündigt oder der Strom gesperrt wird?

12

2

Stichwort: Miete und Energiekosten für Ihre Wohnung

Wenn Ihnen plötzlich eine Kündigung ins Haus flattert, wird es ernst: Sie müssen jetzt schnell handeln, damit Sie nicht obdachlos werden! Der Vermieter wird anfangs vielleicht nicht so ungemütlich wie andere Gläubiger. Trotzdem: Zahlen Sie unbedingt an ihn zuerst! Denn er kann Ihnen kündigen:

⤑ sobald Sie zweimal hintereinander insgesamt mehr als eine Monatsmiete schuldig bleiben.
Beispiel: Sie haben im Mai überhaupt nicht gezahlt und im Juni nur einen Teil der Miete überwiesen – jetzt kann Ihr Vermieter Ihnen kündigen. Haben Sie dagegen im Mai die Hälfte und im Juni die Hälfte gezahlt, sind Sie zwar zweimal Restbeträge schuldig geblieben – doch es steht nicht mehr als eine Miete aus, Sie müssen daher noch keine Kündigung befürchten.

⤑ wenn insgesamt zwei Monatsmieten ausstehen, weil Sie über viele Monate nur Teilbeträge überwiesen haben.

Versuchen Sie, mit dem Vermieter zu reden
Wenn das nicht hilft, gehen Sie zum Job-Center beziehungsweise Sozialamt! Die Ämter übernehmen zwar in der Regel keine Schulden; auch für Mietschulden müssen sie nicht in jedem Fall aufkommen. In der Praxis tun sie es aber sehr häufig. Denn für den Fall, dass Sie obdachlos werden, muss Sie Ihre Gemeinde irgendwo unterbringen. Das kostet. Daher ist es für die Behörde

oft viel günstiger, Ihnen bei der Miete zu helfen. Sie bekommen
das Geld in der Regel als Darlehen (§ 22 Sozialgesetzbuch II,
§ 36 Sozialgesetzbuch XII). Ob die Rückstände übernommen
werden, hängt davon ab, aufgrund welcher Rechtsgrundlage Sie
die Leistung erhalten und wie hoch Ihr Einkommen ist. Sind Sie
erwerbsfähig und hilfebedürftig, wird zunächst ein Anspruch
nach Sozialgesetzbuch II geprüft. Dieser kann in der Regel nur
auf Darlehensbasis gewährt werden (Ansprechpartner hierfür
sind in der Regel die Mitarbeiter des Job-Centers). Liegt kein
Anspruch nach Sozialgesetzbuch II vor oder sind Sie nicht erwerbsfähig im Sinne des Gesetzes, kann dies zu Leistungen
nach Sozialgesetzbuch XII berechtigen, die dann entweder als
Darlehen oder als Beihilfe gezahlt werden können (Anlaufstelle
hierbei ist in der Regel das Sozialamt). Wenn Sie etwa so hohe
Einkünfte haben wie ein Sozialhilfeempfänger, wird Ihnen eine
Beihilfe gewährt.

Verbessert sich Ihre Situation nicht, können Sie später auch beantragen, dass das Darlehen in eine Beihilfe umgewandelt wird,
die Sie nicht mehr zurückzahlen müssen. Sollte Ihr Sozialamt
Ihrem Antrag auf Mietübernahme oder Darlehensumwandlung
nicht stattgeben, lassen Sie sich von einer Schuldnerberatungsstelle helfen oder legen Sie gegen den Bescheid des Sozialamts
Widerspruch ein (siehe Musterbrief Seite 88).

Zahlen Sie die Miete nach!

Auch wenn Ihnen schon gekündigt wurde, haben Sie fast immer noch eine Galgenfrist: Wenn Sie trotz der Kündigung nicht
ausgezogen sind, muss der Vermieter Sie in einem Kündigungs-
und Räumungsprozess verklagen. Das kann dauern. Nachdem
Ihnen (oder Ihrem Rechtsanwalt) die Klageschrift zugeschickt
wurde, können Sie die Kündigung hinfällig machen, indem Sie
innerhalb von zwei Monaten die ausstehende Miete nachzahlen.
Auch wenn das Sozialamt innerhalb dieser Frist dem Vermieter
zusichert, dass es die Mietschulden zunächst bezahlt, ist die
Kündigung nicht mehr wirksam.

Es wäre jedoch sehr unklug, mit dieser Möglichkeit zu kalkulieren. Die Rechtsprechung sagt, dass Sie Ihre Vertragspflichten verletzen, wenn Sie Ihre Miete nicht pünktlich zahlen. Durch die Nachzahlung ausstehender Mieten können Sie zwar eine fristlose Kündigung oder Räumungsklage abwenden. Trotzdem haben Sie vorher eine Vertragsverletzung begangen, die den Vermieter unter Umständen dennoch zur Kündigung berechtigt. In diesem Fall würde es nur ein wenig länger dauern, bis Sie ausziehen müssen. Deshalb ist es besser darauf zu achten, dass die Miete immer pünktlich gezahlt wird. Schon wenn Sie nur einen Teil einer Mietzahlung nicht aufbringen können, sollten Sie Hilfe suchen!

Vorsicht, wenn Sie nicht das erste Mal im Mietrückstand sind!

Sie können die Räumung nicht mehr so leicht abwenden, wenn Sie innerhalb der letzten zwei Jahre beim selben Vermieter eine Kündigung quasi »in letzter Minute« verhindert haben. Jetzt sollten Sie besonders penibel darauf achten, dass Sie nie die kritische Grenze erreichen. Wenn Ihnen das zum zweiten Mal passiert, können Sie auch vom Sozialamt nicht mehr viel Hilfe erwarten.

Strom und Heizung – fast genauso wichtig

Auch diese Kosten sollten Sie – wie die Miete – vor allen anderen bezahlen. Das Unternehmen, das in Ihrer Gemeinde Strom und Gas liefert, darf Ihnen die Energie nämlich sperren, wenn Sie mit mindestens 100 Euro in Verzug sind, das heißt, den Betrag nicht gezahlt haben, obwohl der Termin dafür abgelaufen ist. Es muss Sie mahnen, die Sperre androhen und darf dann vier Wochen später zur Tat schreiten. Die Sperre muss dann noch mal drei Tage vorher angekündigt werden.

Sie können allerdings versuchen das Versorgungsunternehmen zu überzeugen, dass die Folgen einer Sperre außer Verhältnis zu dem bestehenden Rückstand stehen oder hinreichende Aussicht besteht, dass der Rückstand ausgeglichen wird.

Die erste Möglichkeit kommt nur in Betracht, wenn es sich um einen nicht zu großen Rückstand handelt und Sie darlegen können, dass etwa kleine Kinder oder eine ältere oder kranke Person von der Sperre betroffen wären.

Die zweite Möglichkeit besteht, wenn Sie entweder selbst durch Ratenzahlungen oder durch eine Zusage des Sozialamts beziehungsweise der ARGE dafür sorgen können, dass der Rückstand ausgeglichen wird. Die Übernahme von Stromschulden ist unter denselben Bedingungen möglich wie die Übernahme von Mietschulden.

Sowohl die Verhandlungen mit dem Versorgungsunternehmen über ein Unterlassen der Sperre als auch die Verhandlungen mit dem Sozialleistungsträger sind nicht einfach. Oft kosten sie auch viel Zeit. Deshalb sollten Sie sich am besten schon dann mit einer Schuldnerberatung in Verbindung setzen, wenn Sie den Strom nicht zahlen können. Wenn die erste Androhung der Sperre kommt, ist es allerhöchste Zeit. Wenn die Unterbrechung der Versorgung in den nächsten Tagen erfolgen soll, können selbst die Profis aus der Schuldnerberatung nicht immer verhindern, dass es dunkel wird.

Musterbrief: Widerspruch gegen die Ablehnung eines Antrags auf Mietübernahme

... hiermit lege ich Widerspruch gegen Ihren Bescheid vom 5.2.2012 ein.
Begründung:
Ich habe drei kleine Kinder im Alter von sieben, fünf und vier Jahren, stehe kurz vor der Zwangsräumung und habe zum ersten Mal einen Antrag auf sonstige Hilfen zur Sicherung der Unterkunft gestellt.
Zwar gewährt das Gesetz einen Ermessensspielraum. Aber dieser erstreckt sich nicht mehr darauf, in Fällen wie dem vorliegenden die Hilfe zu verweigern. Es gehört zu den Zielen der Sozialhilfe, zur Erhaltung von Wohnraum beizutragen. Wenn ich diese Hilfe nicht bekäme, würde das zu einer offensichtlichen, vom Gesetzgeber nicht beabsichtigten Härte führen.

Besser ist natürlich, wenn es erst gar nicht so weit kommt. Deshalb sollte die Bezahlung des Stroms ganz oben auf Ihrer Liste stehen.

Was tun, wenn Ihr Haus unter den Hammer kommt?

13

Stichwort: Zwangsversteigerung von Eigentumswohnungen und Häusern

Das zu verlieren, wofür man jahrelang hart gearbeitet und gespart hat, das ist für jeden Häuslebauer eine Horrorvorstellung. Aber das kann passieren – wenn man die Raten für einen Kredit nicht mehr aufbringen kann und der Gläubiger meint, dass er zu viel Geld verliert. Aus dem Versteigerungserlös werden zunächst die Verfahrenskosten und »öffentliche Lasten« beglichen. Danach bekommt der Gläubiger, der als Erster im Grundbuch eingetragen ist, sein Geld. Wenn dann noch etwas übrig ist, kommt der Zweite dran und so weiter, bis die Reihe an denjenigen ist, die nicht im Grundbuch eingetragen sind.

Die sonstigen Gläubiger können sich allerdings mit ihrem Titel
auch ins Grundbuch eintragen lassen. Das nennt sich dann
Zwangshypothek. Damit haben diese Gläubiger einen gesicher-
ten Platz in der Reihe der Gläubiger. Und sie können jetzt in
Ruhe den günstigsten Zeitpunkt für eine Zwangsversteigerung
abwarten.

All das bedeutet für Sie: Am wichtigsten ist der Gläubiger, der
den ersten Rang im Grundbuch hat. Je »weiter hinten« einer in
der Gläubigerreihe steht, umso weniger rechnet er damit, von Ihnen Geld zu bekommen. Das heißt auch, dass die »hinteren« viel
eher zu Kompromissen bereit sind. Wenn Sie Schwierigkeiten
haben, die Raten aufzubringen, pflegen Sie das Verhältnis zu
den erstrangigen Gläubigern. Im Übrigen arbeiten Sie die Sache
von hinten auf: Verhandeln Sie mit den anderen um Vergleiche.
Zahlen Sie keinesfalls nach dem Gießkannenprinzip an jeden
mal ein bisschen!

Können Sie staatliche Unterstützung beantragen?

Vermutlich werden Sie feststellen, dass Verhandlungen nicht
ganz einfach sind, wenn – aus der Sicht der Gläubiger – »noch
was da ist«. Versuchen Sie es trotzdem. Und erkundigen Sie sich,
ob es in Ihrer Situation keine staatlichen Hilfen gibt. Wenn Ihr
Häuschen mit öffentlichen Mitteln gefördert wurde, können Sie
zum Beispiel in Nordrhein-Westfalen die sogenannte Wohneigen-
tumssicherungshilfe beantragen. Das sind günstige Darlehen
der NRW-Bank (Förderbank des Landes NRW), die an Familien mit
Kindern vergeben werden, um zu verhindern, dass diese ihr Haus
durch Zwangsversteigerung verlieren. Voraussetzung ist allerdings, dass die Familien ein niedriges Einkommen haben und
dass die Hilfe dauerhaften Erfolg verspricht (nähere Einzelheiten
unter www.nrwbank.de). In manchen Situationen gibt es aber
nur eine Lösung: Sie müssen sich von Ihrem Traumhaus trennen!

Die beste Lösung: Das Haus selbst verkaufen

Hören Sie sich möglichst frühzeitig um: Es bringt häufig mehr,
das Haus selbst zu verkaufen, als es auf eine Zwangsverstei-

gerung ankommen zu lassen. Die im Grundbuch eingetragenen Gläubiger müssen allerdings hiermit einverstanden sein.

Wenn Sie es nicht schaffen, Ihr Haus selbst zu verkaufen, geht es folgendermaßen weiter: Der Gläubiger beantragt dann bei Gericht die Versteigerung, und das Gericht erlässt einen Versteigerungsbeschluss. Damit wird die Immobilie aber nicht sofort versteigert. Zum einen muss erst der Wert festgesetzt werden. Zum anderen können Sie beantragen, das Verfahren einstweilig einzustellen, um so noch eine letzte Chance zu bekommen, Ihre Schulden zu tilgen. Erst wenn diese Frist verstrichen ist, wird der Versteigerungstermin bestimmt. Sperren Sie sich nicht, wenn der Sachverständige oder sonstige Interessenten Ihr Haus besichtigen wollen. Es ist verständlich, dass Ihnen solche Besuche gegen den Strich gehen, aber mit einer Weigerung tun Sie sich keinen Gefallen.

Im Gegenteil: Sie haben Vorteile davon, wenn Sie »mitspielen«. Denn der Sachverständige setzt den Grundstückswert meist höher an und die Interessenten bieten mehr Geld, wenn sie das Haus von innen gesehen haben.

Bei der Versteigerung können dann Ihre Gläubiger noch die Höhe des Erlöses beeinflussen. Sie können die Versteigerung stoppen, wenn nicht mindestens 50 Prozent, in vielen Fällen sogar wenn weniger als 70 Prozent des festgesetzten Immobilienwertes »reinkommen« – und sie machen von dieser Möglichkeit fast immer Gebrauch. Dann kommt es zu einem zweiten Termin, bei dem vielleicht mehr Geld geboten wird.

Wenn das Haus versteigert ist, müssen Sie ausziehen. Der Gläubiger bekommt mit der Versteigerung einen Räumungstitel, kann allerdings nicht verlangen, dass Sie am nächsten Tag ausziehen. Fast immer haben Sie noch mehrere Tage, meist sogar noch einige Wochen Zeit.

Wenn Sie trotz intensiver Suche keine neue Wohnung finden, können Sie durch einen Antrag beim Vollstreckungsgericht versuchen, die Räumung nach § 765 a Zivilprozessordnung herauszuschieben. Dabei haben diejenigen die meisten Chancen, die soziale Gründe wie Krankheit oder Alter geltend machen können. Das Oberlandesgericht Hamm hat entschieden, dass eine Zwangsversteigerung auch dann ausgesetzt werden muss, wenn diese einen Angehörigen in Lebensgefahr bringt (Die über 90-jährige herzkranke Mutter der Schuldnerin lebte mit im Haus, und es wurde befürchtet, dass sie die Zwangsversteigerung nicht übersteht – Beschluss vom 26.3.2001, Aktenzeichen 15 W 66/01).

Die Verzögerungstaktik muss aber, auch wenn Sie nachvollziehbare Gründe dafür haben, genau überlegt werden. Achten Sie darauf, dass durch solch einen Antrag keine unnötigen Kosten entstehen. Allerdings ist es auch gut möglich, dass der neue Eigentümer Ihnen eine Abfindung anbietet, damit Sie früher ausziehen.

Eine Zwangsversteigerung dauert insgesamt recht lange, und es gelten komplizierte Regeln. Daher ist es in dieser Situation besonders wichtig, sich Hilfe bei einer Schuldnerberatung oder bei einem Rechtsanwalt zu holen, der sich mit Zwangsversteigerungen auskennt.

14 Was tun, wenn Sie beim Staat in der Kreide stehen?

Stichwort: Schulden bei Behörden

Behörden können anders als private Institutionen wie Banken oder Kaufhäuser vorgehen. Sie können direkt Geld von Ihnen eintreiben. Sie müssen nicht den Umweg übers Gericht gehen, weil sie Teil des Staates sind. Wenn Sie nicht den jeweiligen

Bescheid der Behörde (zum Beispiel durch einen Widerspruch) stoppen, wird er nach einem Monat rechtskräftig und kann von einem Behördenmitarbeiter nach den Vorschriften des Verwaltungsvollstreckungsgesetzes vollstreckt werden.

Auf dem Bescheid steht, wie und bis wann Sie sich wehren können. Ein Widerspruch ist – ebenso wie eine Klage – Erfolg versprechender als viele denken. So zum Beispiel auch gegen einen Bescheid der Bundesagentur für Arbeit: Wenn diese Behörde Geld zurückverlangt, können Sie auch Widerspruch einlegen mit der Begründung, dass Sie darauf vertraut haben, das Geld zu Recht bekommen zu haben und dass Sie es guten Gewissens verbraucht haben – dass Ihr Vertrauen also schutzwürdig war. Je ausführlicher Sie Ihren Widerspruch begründen, umso größer sind Ihre Chancen, nichts zurückzahlen zu müssen. Wenn Sie allerdings hätten wissen können, dass der Bescheid der Agentur für Arbeit falsch war oder wenn Sie falsche Angaben in Ihrem Antrag auf Arbeitslosengeld gemacht haben, nützt solch ein Widerspruch nichts. Dann müssen Sie alles zurückzahlen.

Wenn die Agentur für Arbeit einfach Geld einbehält, um Ihre Schulden mit neuen Leistungen zu verrechnen, sollten Sie aufpassen: Sie darf in der Regel höchstens 10 Prozent der Regelleistung einbehalten. Ausnahme: Sie haben falsche Angaben gemacht oder gewusst, dass der Bescheid falsch war – dann ist ein Abzug von 30 Prozent erlaubt.

Wenn ein Widerspruch nichts hilft und die Agentur im Widerspruchsbescheid mitteilt, dass sie ihre Praxis nicht ändert, können Sie beim Sozialgericht innerhalb eines Monats Klage einreichen. Ein Prozess vor dem Sozialgericht kostet Sie in der Regel nichts, nur Ihren Anwalt müssen Sie unter Umständen bezahlen.

Wie die Agentur für Arbeit, so versuchen auch viele Sozialämter, sich ihr Geld wiederzuholen, indem sie einfach die Schulden verrechnen und deswegen weniger auszahlen.

Wenn Ihr Sozialamt das tut, kontrollieren Sie genau nach: Das Sozialamt darf nur ähnlich eingeschränkt aufrechnen wie das Jobcenter. Aufrechnen ist beim Bezug von Sozialhilfe erlaubt,

---> nach § 26 Absatz 2 Sozialgesetzbuch XII, wenn Sie zu Unrecht Sozialhilfe bekommen haben, weil Sie zum Beispiel falsche Angaben gemacht haben und es hätten besser wissen müssen. Dann dürfen 20 bis 30 Prozent von der Regelleistung einbehalten werden;

---> und nach § 34 Absatz 4 Sozialgesetzbuch XII zur Tilgung von Darlehen, wenn das Sozialamt neben der Sozialhilfe nachträglich noch Ihre Schulden für Miete und so weiter übernommen hat. Dann darf das Amt 5 Prozent von der Regelleistung abziehen.

Selbst wenn das Sozialamt zu Recht Geldbeträge verrechnet, soll es darauf achten, dass Ihre Familie nicht darunter leidet (§ 26 Absatz 2 in Verbindung mit § 26 Absatz 1 Sozialgesetzbuch XII). Leben Sie mit mehreren Menschen von der Sozialhilfe, soll sich das Sozialamt also mit der Verrechnung zurückhalten. In Zeiten knapper Kassen versucht so manches Amt zu sparen – und »übersieht« schon mal Vorschriften, die zu Ihren Gunsten gelten. Will Ihnen das Sozialamt das Geld kürzen, machen Sie sich also unbedingt schlau und fordern Sie Ihre Rechte ein! Hier helfen in vielen Gemeinden die Arbeitslosenzentren. Darüber hinaus können Sie sich auch an Anwälte wenden, die sich auf das Sozialrecht spezialisiert haben.

3
Nach rund sechseinhalb Jahren schuldenfrei
Die Verbraucherinsolvenz

Verbraucherkonkurs: Das Verfahren

Seit 1999 gibt es das Verbraucherinsolvenzverfahren – oft wird es auch nur kurz »InsO« oder Verbraucherkonkurs genannt. Die sogenannte Insolvenzordnung ermöglicht es nicht nur Firmen, sondern auch Privatleuten, »in Konkurs zu gehen« und alle Schulden am Ende eines Verfahrens loszuwerden. In der Fachsprache heißt das »Restschuldbefreiung«: Diejenigen, die das Verfahren mitmachen, werden am Schluss vom Rest ihrer Schulden befreit.

Doch leider: Ganz so einfach wie es häufig im Fernsehen gezeigt oder an Stammtischen diskutiert wird, ist die Verbraucherinsolvenz nicht. Das Verfahren ist kein Zuckerschlecken, sondern erfordert viel Mühe und Zeit. Vielleicht haben Sie in der Vergangenheit auch davon gehört, dass Sie erst einmal die Kosten des Verfahrens aufbringen und einzahlen müssen, bevor Sie in ein Verbraucherinsolvenzverfahren gehen können. Doch das gibt es seit 2001 nicht mehr: Wenn das Einkommen oder das Vermögen zur Kostendeckung nicht ausreicht, können Sie einen Antrag auf Kostenstundung stellen.

 Wichtig: Reform in der Planung!

Und wissen sollten Sie auch: Es ist zurzeit eine Gesetzesreform zum Insolvenzverfahren im Gespräch. Wenn Sie Ihren Entschuldungsversuch erst Ende 2012 oder später starten wollen, sollten Sie sich unbedingt zuvor in den Medien oder einer Beratungsstelle informieren, ob es aktuelle Gesetzesänderungen gibt und gegebenenfalls welche.

Studieren Sie also die nächsten Seiten ganz sorgfältig. Vor einem Insolvenzantrag bei Gericht müssen Sie zunächst versuchen, sich außergerichtlich mit Ihren Gläubigern zu einigen. Wenn das nicht klappt, können Sie einen Antrag bei Gericht

stellen. Das versucht dann unter Umständen, noch mal einen
Kompromiss mit den Gläubigern zu erreichen. Scheitert das
oder sagt das Gericht gleich, dass ein gerichtlicher Einigungsversuch keinen Sinn macht, wird es einen Treuhänder einsetzen.
Der überprüft, ob noch etwas bei Ihnen »zu holen« ist und verteilt das, was er findet, an die Gläubiger. Anschließend müssen
Sie sich mehrere Jahre »wohlverhalten«. Das heißt, Sie müssen
während einer Frist von rund fünfeinhalb Jahren arbeiten gehen
und von Ihrem Einkommen alle pfändbaren Beträge an den Treuhänder abführen. Wer arbeitslos ist, muss sich zumindest um
Arbeit bemühen, und zwar ernsthaft.

3

Die Verbraucherinsolvenz ist leider immer noch ein sehr büro-
kratisches Verfahren. Sie werden sich also gut beraten lassen
und über einen langen Zeitraum sehr zielstrebig sein müssen.
Wenn Sie aber durchhalten, winkt die Belohnung: Das Gericht
erklärt Sie am Ende für schuldenfrei, und die Gläubiger dürfen
Sie dann nicht mehr behelligen.

Der Weg zur Schuldenfreiheit

Das Verfahren, mit dem Sie Ihre Schulden loswerden können, besteht aus maximal vier Etappen:

1 Sie versuchen, sich ohne das Gericht mit Ihren Gläubigern über das Schuldenproblem zu einigen (1. Etappe, außergerichtliche Verhandlungen). Informationen finden Sie ab Seite 104.

2 Sie versuchen, mit Hilfe des Gerichts zu einer Einigung mit Ihren Gläubigern zu kommen (2. Etappe, auch »Schuldenbereinigungsverfahren« genannt). Diese Etappe wird unter Umständen übersprungen. Informationen finden Sie ab Seite 106.

Ihr pfändbares Vermögen wird verwertet und unter den Gläubigern verteilt (3. Etappe, auch »Insolvenzverfahren« genannt). Informationen finden Sie ab Seite 118.

Sie führen mehrere Jahre lang Ihr pfändbares Einkommen für die Kosten des Verfahrens und Ihre Gläubigerraten an einen Treuhänder ab und werden am Ende vom Gericht für schuldenfrei erklärt (4. Etappe, auch »Wohlverhaltensperiode« oder »Treuhandperiode« genannt). Informationen finden Sie ab Seite 123.

Wird man alle Schulden los?

In den meisten Fällen werden Sie durch ein Verbraucherinsolvenzverfahren alle Schulden los. Das gilt auch für Steuer- und Mietschulden oder auch ein nicht zurückgezahltes Darlehen. Erfasst sind all die Forderungen, die vor dem Insolvenzverfahren entstanden sind. Machen Sie nach Eröffnung des Insolvenzverfahrens neue Schulden, etwa weil Sie Ihre Miete oder Unterhalt nicht zahlen, werden Sie diese durch das Verfahren nicht los. Neben den Neuschulden gibt es bestimmte Schulden, die ebenfalls bleiben.

Wenn Sie jemanden bewusst verletzt oder geschädigt haben und Schadenersatz zahlen müssen oder wenn Ihnen eine Geldstrafe aufgebrummt wird, dann sind auch diese Beträge nach dem Ende der Wohlverhaltenszeit in voller Höhe weiterzuzahlen. Und wenn Sie unterhaltspflichtig sind, können sich bei Ihnen in der Wohlverhaltenszeit neue Schulden ansammeln.

Beispiel

Die Erzieherin Heike Sieronski hat 50.000 Euro Schulden bei vier Gläubigern.

bei einer Bank	27.500 Euro
bei einer Teilzahlungsbank	12.500 Euro
bei einem Versandhaus	2.500 Euro
bei der Agentur für Arbeit	7.500 Euro
gesamt	50.000 Euro

Sie will nun mit dem Insolvenzverfahren von ihrem Schuldenberg runterkommen.

So hat Heike Sieronski im Juli 2011 an alle Gläubiger Briefe geschrieben und einen Sanierungsplan vorgelegt, in dem sie genau vorgeschlagen hat, wer in welcher Zeit wie viel Geld von ihr bekommen soll. Aber es nützte nichts. Ihre Gläubiger haben sich nicht auf Verhandlungen eingelassen. Das Scheitern ihrer Bemühungen ließ sie sich von einer anerkannten Schuldnerberatungsstelle bescheinigen.

Im Januar 2012 stellte sie dann bei ihrem Insolvenzgericht den Antrag auf Eröffnung des Insolvenzverfahrens und auf Restschuldbefreiung und legte entsprechende Unterlagen vor. Gleichzeitig beantragte sie, dass man ihr die Kosten des Verfahrens stundet. Das Gericht gewährte die Stundung. Da schon von vornherein erkennbar war, dass der größte Gläubiger, die Bank, keinerlei Zugeständnis machen will, verzichtete das Gericht auf den Versuch, mit Hilfe eines Schuldenbereinigungsplans eine weitere Einigung mit den Gläubigern herbeizuführen.

Deswegen eröffnete das Gericht im April 2012 das Insolvenzverfahren und setzte einen Rechtsanwalt als Treuhänder ein. Der fragte bei Heike Sieronski nach, ob sie etwas besitzt, was verkauft werden könnte. Die Erzieherin rückte schweren Herzens den Ring ihrer Patentante heraus; der erbrachte beim Verkauf noch 800 Euro. Das Geld wurde für die Kosten verwendet.

Im Herbst 2012 prüft das Gericht, ob Heike Sieronski für eine Restschuldbefreiung in Betracht kommt. Da Heike schon bei Antragstellung eine Abtretungserklärung abgegeben hat, die ab Eröffnung des Insolvenzverfahrens (April 2012) für sechs Jahre gilt, bekommt der Treuhänder bis zum 31. März 2018 den pfändbaren Teil ihres Gehalts. Der Arbeitgeber von Heike Sieronski überweist dieses Geld bis einschließlich März 2018 regelmäßig an ihn. Daraus werden zunächst die restlichen Kosten beglichen, was übrig bleibt verteilt der Treuhänder einmal jährlich nach einer bestimmten Quote an die Gläubiger.

Im Sommer 2018 beschließt das Gericht, dass Heike Sieronski alle Schulden los ist. Falls sie im Verfahren bisher überhaupt nichts oder so wenig zahlen konnte, dass jetzt noch Kosten offen sind, muss sie noch die restlichen Gerichts- und Treuhändergebühren zahlen, die das Gericht ihr wegen ihrer geringen Einkünfte im Laufe des gesamten Verfahrens gestundet hat. Dies dauert maximal vier weitere Jahre. Sie muss die Raten aber nur dann zahlen, wenn sie nach den Regelungen für Prozesskostenhilfe ausreichend einsetzbares Einkommen hat.

Zu schön, um wahr zu sein?
Wahrscheinlich. Denn das Beispiel ist stark vereinfacht. Häufig läuft die Verbraucherinsolvenz nicht ganz so glatt ab. Manchmal versuchen die Gläubiger, das Verfahren zu behindern. Für viele ist es auch gar nicht so einfach, weitere sechs Jahre vom Existenzminimum zu leben und alle Pflichten des Insolvenzverfahrens und der Wohlverhaltenszeit zu erfüllen.

Lassen Sie sich aber nicht entmutigen. Es ist gut möglich, dass Sie schneller als Heike Sieronski Ihre Schulden los sind. Denn es kann sein, dass Sie nicht das ganze Verfahren durchlaufen müssen. Die vier Stufen bauen nämlich aufeinander auf. Gelingt es Ihnen etwa schon in der zweiten Phase – unter Schirmherrschaft des Gerichts –, sich mit Ihren Gläubigern auf eine Begrenzung der Schulden zu einigen, ist an diesem Punkt Schluss mit dem Verfahren. Ab dann sind natürlich noch die Bedingungen des ausgehandelten Vergleichs zu erfüllen. Es macht also wenig Sinn etwas zu versprechen, was Sie nicht halten können.

Achtung Eheleute/Mitschuldner/Bürgen:
Sie können nur für sich allein »entschuldet« werden. Sprechen Sie daher unbedingt mit den Menschen, die zusammen mit Ihnen auf dem Schuldenberg sitzen: Jede/r muss für sich ein eigenes Verfahren beantragen.

Selbst wenn Ihre Frau zum Beispiel »nur« für Sie gebürgt hat, sollte sie für sich die Restschuldbefreiung bei Gericht beantragen. Denn auch wenn Sie – der Ehemann – von allen Schulden »freigesprochen« werden sollten, muss Ihre Frau nach wie vor in voller Höhe für Ihre Verpflichtungen aufkommen.

Wichtig: Sind oder waren Sie selbstständig?

Wenn Sie über dieses Verfahren nachdenken und einmal selbstständig waren, sollten Sie gleich zu Anfang zählen, wie vielen Gläubigern Sie Geld schulden. Sind es zwanzig oder mehr, dürfen Sie seit der Gesetzesänderung von 2001 nicht mehr die Verbraucherinsolvenz durchlaufen.

Sie müssen die sogenannte »Regelinsolvenz« beantragen – das Insolvenzverfahren, das schon immer auf Firmen angewandt wurde.

3

Das gilt im Übrigen auch, wenn gegen Sie als ehemals Selbstständigen mit weniger als 20 Gläubigern noch Forderungen aus Arbeitsverhältnissen bestehen (zum Beispiel, weil Sie Ihren Mitarbeitern von früher noch Lohn schulden) oder wenn Ihre Vermögensverhältnisse aus anderen Gründen unübersichtlich sind. Und auch wenn Sie zurzeit selbstständig sind, müssen Sie die Regelinsolvenz beantragen. Aber keine Sorge: Auch hierbei können Sie Ihre Schulden loswerden.

Vorsicht, wenn Sie Ihre Selbstständigkeit lediglich als Nebentätigkeit betreiben: In der Insolvenz gelten Sie dann möglicherweise als Selbstständiger, selbst wenn Ihre Tätigkeit keinen größeren Umfang erreicht. In diesem Fall sollten Sie sich entweder bei einer anerkannten Beratungsstelle oder einem spezialisierten Rechtsanwalt beraten lassen, welches Verfahren für Sie gilt.

Die Regelinsolvenz hat sogar Vorteile: Es geht zum Beispiel schneller los, weil Sie nicht erst versuchen müssen, sich außergerichtlich zu einigen. Aber die Gebühren für das Verfahren sind höher – wobei Sie auch hier Stundung beantragen können. Allerdings werden Sie nur wenige Schuldnerberatungsstellen finden, die Sie hierbei unterstützen. Wenden Sie sich bei Bedarf an einen Rechtsanwalt.

Wie verläuft die Verbraucherinsolvenz?

1. Etappe: Außergerichtliche Verhandlungen

Vielleicht haben Sie schon versucht, mit Ihren Gläubigern zu verhandeln. Wenn nicht: Fangen Sie so bald wie möglich damit an. Wenn Sie für die Verbraucherinsolvenz in Betracht kommen, verlangt das Gesetz von Ihnen, dass Sie wenigstens versucht haben, mit allen Gläubigern einen Kompromiss zu finden. Lassen Sie sich bei diesen Verhandlungen von vornherein von einer Schuldnerberatungsstelle der Verbraucherzentralen, Kommunen oder der Wohlfahrtsverbände helfen. Und weil viele Schuldnerberatungsstellen überlastet sind, kümmern Sie sich am besten ganz schnell um einen ersten Beratungstermin. Wir zeigen, welche Schritte erforderlich sind – und je besser Sie das Verfahren verstehen und einzelne Schritte vorbereiten können, desto leichter wird es, den Weg aus den Schulden anzugehen.

Unterschätzen Sie Ihre eigene Verhandlungsposition nicht!
Verhandeln ist nicht so schwer wie Sie vielleicht denken. Sie finden in diesem Ratgeber ein paar Tipps für die Briefe an Ihre Gläubiger. Weisen Sie sie auf jeden Fall darauf hin, dass Sie die Restschuldbefreiung beantragen werden, falls sie Ihnen nicht entgegenkommen. Und dass dann das Gericht über den Kopf einzelner Gläubiger hinweg festlegen kann, dass Sie nicht mehr alle Schulden bezahlen müssen. Möglicherweise spornt das Ihre Gläubiger an, mit Ihnen einen Kompromiss zu schließen (siehe Musterbriefe ab Seite 158 f.).

Wenn Ihre Gläubiger nicht nachgeben, müssen Sie sich zügig um eine Bescheinigung darüber kümmern. Denn Sie müssen bei Gericht belegen, dass Sie in den letzten sechs Monaten vor dem Antrag mit Ihren Gläubigern erfolglos verhandelt haben.

Sie bekommen diese Bescheinigung zum Beispiel bei den Schuldnerberatungsstellen, die hierfür als geeignet anerkannt wurden. Auch Rechtsanwälte, Notare oder Steuerberater dürfen das Scheitern der Verhandlungen bescheinigen. Sie können außerdem beim Gericht nachfragen, wer sonst noch solch eine Bescheinigung ausstellen darf. Rufen Sie bei Ihrem örtlichen Amtsgericht an und lassen sich mit der Geschäftsstelle des Insolvenzgerichts verbinden. (Das Insolvenzgericht ist eine Abteilung beim Amtsgericht. Wenn Ihr Amtsgericht keine Insolvenzabteilung hat, kann man Ihnen dort aber sagen, bei welchem anderen Gericht das Insolvenzgericht zu finden ist.) Auch wenn Sie selbst ohne Hilfe einer Beratungsstelle mit Ihren Gläubigern verhandeln, sollten Sie, um alle Schritte abzusprechen, auf jeden Fall schon vorher mit der Stelle oder der Person Kontakt aufnehmen, die Ihnen das Scheitern später bescheinigen soll.

Wichtig ist noch: Sie bekommen die Bescheinigung nicht, wenn Sie in den sechs Monaten vor Antragstellung zum Beispiel nur zweimal mit Ihrer Bank telefoniert haben. Sie müssen einen richtigen Plan erstellt haben und ernsthafte Verhandlungen nachweisen können. Stellen Sie also zunächst eine Liste auf, wem Sie was schulden. Damit die Liste vollständig ist, sollten Sie sich von Ihren Gläubigern eine aktuelle Forderungsaufstellung schicken lassen (siehe Musterbrief Seite 108).

Nach dem Gesetz haben Sie Anspruch darauf, auf den neuesten Stand gebracht zu werden. Die Gläubiger müssen Ihnen nach § 305 Insolvenzordnung eine Forderungsaufstellung übersenden.

In dem Brief an den Gläubiger sollten Sie daher erwähnen, dass er nach der Insolvenzordnung verpflichtet ist, Ihnen diese Informationen zu liefern. Hierzu müssen Sie nur darauf hinweisen, dass Sie ein Insolvenzverfahren beantragen werden. Dann darf der Gläubiger Ihnen für die Forderungsaufstellung auch keine Kosten in Rechnung stellen. Außerdem muss er genau unterscheiden nach Hauptforderung, Zinsen und Kosten. Sinnvoll ist es auch, ein Datum als Stichtag anzugeben, damit Sie später die Forderungen vergleichen und ausrechnen können, wie hoch – in Prozenten – der Anteil jedes Gläubigers ist.

Wichtig ist übrigens auch, schon mal zur Sicherheit für das gerichtliche Verfahren die genaue Adresse des Gläubigers zu erfragen (und zwar die Straße, nicht die Postfachadresse!).

Wenn Ihre Liste komplett ist, machen Sie den Gläubigern schriftlich konkrete Verhandlungsvorschläge (Beispiele siehe Kapitel 4). Sollten die darauf nicht antworten, schreiben Sie ihnen zur Sicherheit per Einwurfeinschreiben noch einmal und setzen ihnen eine Frist zur Stellungnahme. Wenn Sie belegen können, dass Sie so auf jeden Gläubiger noch einmal zugegangen sind und dass trotzdem keine Einigung möglich war, ist Ihnen die Bescheinigung sicher.

Am Schluss noch eine kleine Warnung: In dieser Zeit der Vorbereitung werden Sie vermutlich, wenn Sie noch ein bisschen Geld haben, darüber nachdenken, ob Sie das irgendwie »retten« können. Der Gedanke ist verständlich, aber lassen Sie lieber die Finger davon. Denn Sie machen sich unter Umständen damit strafbar. Schon wenn Sie bei drohender Zahlungsunfähigkeit Bestandteile Ihres Vermögens beiseitegeschafft haben, können Sie wegen einer Insolvenzstraftat (Bankrott) belangt werden. Dann aber wäre die ganze Mühe umsonst gewesen, weil damit die Restschuldbefreiung automatisch scheitert.

2. Etappe: Anträge bei Gericht – eventuelles Schuldenbereinigungsverfahren

Wenn die Verhandlungen mit den Gläubigern nichts erbracht haben, können Sie bei Gericht den Antrag stellen, von Ihren Schulden befreit zu werden. Voraussetzung hierfür ist, dass Sie zahlungsunfähig sind. Zahlungsunfähigkeit ist nach dem Gesetz gegeben, wenn ein Schuldner seine Zahlungen eingestellt hat (§ 17 Absatz 2 Satz 2 InsO).

Wenn Sie zahlungsunfähig sind, kann übrigens auch ein Gläubiger ein Insolvenzverfahren über Ihr Vermögen beantragen. Dann müssen Sie auch alle hier erwähnten Anträge stellen und Schritte gehen, um am Ende Restschuldbefreiung zu bekommen. Wenn Sie in diesem Fall keinen Antrag stellen, werden Sie durch ein von einem Gläubiger beantragtes Verfahren Ihre Schulden nicht los. Doch dazu später noch mal genauer.

3

[!]   Wichtig!
Sind Sie zahlungsunfähig, können Sie oder Ihre Gläubiger ein Verfahren beantragen.

Daneben dürfen nur Sie (und nicht die Gläubiger) ein Insolvenzverfahren beantragen, wenn bei Ihnen Zahlungsunfähigkeit droht. Das ist der Fall, wenn Sie bereits jetzt wissen, dass Sie eine bestehende Schuld nicht zahlen können, wenn sie fällig wird. Zum Beispiel, wenn Sie nächstes Jahr ein Darlehen zurückzahlen müssen und Sie schon jetzt wissen, dass das nicht klappen wird. Noch einmal: Die drohende Zahlungsunfähigkeit ist nur für Sie, aber nicht für den Gläubiger ein ausreichender Grund, ein Insolvenzverfahren zu beantragen.

Sollten Ihre Zahlungen dagegen nur vorübergehend ins Stocken geraten sein, fallen Sie nicht darunter. Wenn Sie eine eidesstattliche Versicherung ablegen mussten, ist das ein deutlicher Beleg. Wenn bei Ihnen erfolglos gepfändet wurde, ebenfalls. Aber auch gekündigte Kredite, Mahnschreiben von Gläubigern oder gerichtliche Mahnverfahren können dem Gericht unter Umständen ausreichen, um Sie als »zahlungsunfähig« einzustufen.

Musterbrief: Forderungsaufstellung

... ich beabsichtige, das Verfahren zur Restschuldbefreiung zu durchlaufen, sofern es mir nicht gelingt, mit allen Beteiligten eine einvernehmliche Regulierung meiner Schulden zu erreichen. Zur Vorbereitung eines Sanierungsplans muss zunächst die Schuldensituation geklärt werden.

Ich möchte Sie daher bitten, mir eine aktuelle Forderungsaufstellung gem. § 305 Abs. 2 InsO, aufgeschlüsselt nach Hauptforderung, Kosten und Zinsen sowie unter Berücksichtigung der bisher geleisteten Zahlungen, zu übersenden. Wegen der Vergleichbarkeit bitte ich Sie, die Forderung auf den Stichtag ... zu berechnen. Rein vorsorglich berufe ich mich auf die Verjährung etwaiger Ansprüche und bitte Sie, die Forderungsaufstellung um verjährte Ansprüche zu bereinigen.

Außerdem bitte ich darum, mir eine Fotokopie des zugrunde liegenden Vertrags und des Schuldtitels sowie eine Kopie der Belege über Sicherheiten wie zum Beispiel Lohnabtretung oder Bürgschaft zuzusenden.

Ich erlaube mir, Sie darauf aufmerksam zu machen, dass Sie gesetzlich verpflichtet sind, eine solche Aufstellung anzufertigen (§ 305 Abs. 2 S. 2 InsO). Bitte sehen Sie auch von Zwangsvollstreckungsversuchen ab. Diese würden die im Interesse aller Beteiligten angestrebte Einigung gefährden und sind in den letzten drei Monaten vor Antragstellung ohnehin anfechtbar (§ 131 InsO). Vorsorglich weise ich darauf hin, dass mit diesem Schreiben keine grundsätzliche Anerkennung einer Forderung Ihrerseits verbunden ist.

Für den Fall, dass in der Folgezeit eine außergerichtliche Einigung mit allen Gläubigern nicht zustande kommt, bitte ich Sie schon jetzt um Ihre ladungsfähige Anschrift*.

Ich danke für Ihr Verständnis und werde Ihnen nach Erhalt der Unterlagen so schnell wie möglich einen konkreten Regulierungsvorschlag unterbreiten.

*»ladungsfähige Anschrift des Gläubigers«, falls Sie an den Anwalt oder einen Vertreter Ihres Gläubigers schreiben.

Machen Sie sich nicht strafbar!

Haben Sie genügend Belege für die Zahlungsunfähigkeit, müssen Sie darauf achten, dass Sie niemand nachträglich wegen Betrugs anzeigt. Denn jemand, der wissen muss, dass er nichts mehr zahlen kann und trotzdem noch finanzielle Verpflichtungen eingeht, macht sich unter Umständen strafbar. Haben Sie zum Beispiel Waren bestellt, nachdem Sie zahlungsunfähig wurden, kann Ihnen ein Strafverfahren drohen. Es kommt allerdings auch darauf an, wie hoch Sie verschuldet waren, wie teuer die Bestellung war oder – falls Sie einen neuen Kredit eingegangen sind – was das Kreditinstitut wusste. Sind Sie in diesem Punkt unsicher, lassen Sie sich beraten.

3

Papierkram in Angriff nehmen

Wenn Sie bei Gericht den Antrag auf Schuldenbefreiung stellen, ist allerlei Papierkram zu bewältigen. Im Einzelnen bedeutet das: Sie schreiben zunächst an das Insolvenzgericht und bitten darum, dass man Ihnen die erforderlichen Formulare zusendet. Es gibt Vordrucke, die von allen Insolvenzgerichten in Deutschland verwendet werden. Sie können die Anträge auch aus dem Internet herunterladen (www.forum-schuldnerberatung.de). Lassen Sie sich nicht davon abschrecken, dass der Antrag aus so vielen Seiten besteht. Es ist einige Schreibarbeit, aber wenn Sie Schritt für Schritt vorgehen, werden Sie feststellen: So schwierig ist es gar nicht, den Papierberg zu bewältigen!

Damit Sie das Formular verstehen, noch einige Erklärungen. Das Gesetz verlangt, dass Sie mehrere **förmliche Anträge** stellen:

⟶ Sie müssen beantragen, das Insolvenzverfahren zu eröffnen (siehe die erste Seite des Antragformulars).

⟶ Außerdem müssen Sie ganz offiziell die sogenannte Restschuldbefreiung beantragen. Das heißt, dass Sie Ihre Schulden loswerden wollen (siehe die erste Seite des Antragformulars).

···⟩ Weiterhin müssen Sie die Bescheinigung über die erfolglosen Verhandlungen der letzten sechs Monate beifügen
(Anlage 2). Dieses Blatt muss die Stelle ausfüllen, die Ihnen
das Scheitern bescheinigt.

···⟩ Sie müssen auch angeben, warum die Verhandlungen gescheitert sind – dann kann das Gericht gleich entscheiden,
ob noch ein Verhandlungsversuch lohnt (Anlage 2 A). Der
außergerichtliche Plan, den Sie an die Gläubiger geschickt
haben, ist als Kopie ebenfalls beizufügen.

···⟩ Sie müssen daneben eine Abtretungserklärung abgeben.
Das heißt, Sie müssen erklären, dass Sie den pfändbaren
Teil Ihres Einkommens für die nächsten sechs Jahre an einen
vom Gericht zu bestimmenden Treuhänder abtreten. Haben
Sie Ihr Gehalt bereits an einen Gläubiger abgetreten, müs-
sen Sie das Gericht darauf hinweisen (Anlage 3).

···⟩ Außerdem verlangt das Gericht eine Liste über Ihre Einkünfte
und Ihr Vermögen, und zwar
a. eine Übersicht (Anlage 4) und
b. eine ausführliche Version (Anlage 5, 13 Seiten).

···⟩ Die ausführliche Liste bleibt beim Gericht und kann dort von
den Gläubigern eingesehen werden. Die Übersicht verschickt
das Gericht mit an die Gläubiger.

···⟩ Dann folgt eine Liste der Gläubiger und der geschuldeten
Beträge (Anlage 6).

Geben Sie sich bei dieser Liste Mühe. Vergessen Sie möglichst niemanden. Falsche Angaben rächen sich später.
Wenn das Gericht nämlich im Verlauf des Verfahrens einen
Vergleich (einen Kompromiss) mit allen Gläubigern arran-
giert, sind nur die Gläubiger daran gebunden, die auf der

Liste standen. Während dann also alle, die Sie erwähnt haben, nur noch einen Teil des Geldes verlangen können, dürfen die anderen weiterhin den ursprünglichen Betrag von Ihnen fordern und auch bei Ihnen vollstrecken.

Wenn Sie keine genauen Angaben machen können, zum Beispiel weil die Gläubiger einfach keine Auskunft erteilt haben, dürfen Sie auch in Klammern das Wörtchen »geschätzt« dahintersetzen.

[!] Wichtig!

Besteht ein Gläubiger auf einer Forderung, die Sie grundsätzlich oder der Höhe nach bestreiten, müssen Sie auch ihn mit dieser Forderung in die Liste aufnehmen. Vergessen Sie jedoch nicht, einen zusätzlichen Hinweis mit Ihren Bedenken zu ergänzen.

 Danach kommt der Schuldenbereinigungsplan, also das, was Sie den Gläubigern anbieten (Anlage 7). Das ist quasi ein schriftlicher Vorschlag, wie es weitergehen soll. Sie teilen dem Gericht mit, wie viel Sie an welchen Gläubiger monatlich zahlen können.

Was beim Schuldenbereinigungsplan zu beachten ist:
Bei Ihrem schriftlichen Vorschlag zum Abbau Ihrer Schulden sollten Sie eine Anpassungsklausel berücksichtigen. Es ist immer möglich, dass ein Familienmitglied krank wird, die Miete erhöht oder die Wohnung gekündigt wird oder dass Sie Ihre Arbeit verlieren. Am sichersten ist es deshalb, wenn Sie im Schuldenbereinigungsplan keinen festen Geldbetrag, sondern nur eine Quote festlegen. Das heißt, es wird bestimmt, dass die Bank ABC 5 Prozent Ihres nach § 850 c Zivilprozessordnung pfändbaren Gehalts bekommt. Wenn Sie zum Beispiel Ihren Arbeitsplatz verlieren oder Familiennach-

wuchs bekommen, sinkt der abzuführende Betrag automatisch. Sollten Sie einmal mehr verdienen, müssen Sie dann allerdings auch mehr abgeben.

 Wichtig!

Nehmen Sie sich in diesem Plan nicht zu viel vor. Wenn Sie Familie haben, müssen Sie das berücksichtigen. Unterhaltspflichten sollen nicht unter Ihrer Schuldentilgung leiden. Sollte Ihr Ehegatte auch Geld schulden, können Sie vermutlich insgesamt sehr wenig abbezahlen.

Sie können den gleichen Vorschlag machen, den Sie bei den außergerichtlichen Verhandlungen unterbreitet haben. Den müssen Sie jetzt an das offizielle Formular anpassen. Sie können vorschlagen, dass Ihnen ein Teil der Schulden erlassen wird. Sie können Ratenzahlungen vorschlagen oder auch Stundungen (Beispiele für Schuldenbereinigungspläne in Kapitel 4 – Sie können sich natürlich auch von einer Schuldnerberatungsstelle oder einem Anwalt helfen lassen).

Wenn Sie jetzt schon wissen, dass es Streit über eine Forderung gibt, setzen Sie im Plan den Betrag an, den Sie für gerechtfertigt halten, damit das Verfahren wenigstens weitergeht.

In den Listen zum Antrag müssen Sie jedoch alle Forderungen in der von den Gläubigern geltend gemachten Höhe aufführen, selbst wenn Sie diese Forderungen teilweise oder gar nicht für berechtigt ansehen, beispielsweise weil Sie die Forderung für verjährt halten. Dabei ist wichtig, dass Sie diese Forderungen im Antrag als »bestritten« kennzeichnen, weil man Ihnen sonst den Vorwurf machen kann, dass Sie Forderungen angeben, die vielleicht gar nicht bestehen. **Nicht vergessen!** Auch wenn das Formular umfangreich ist, einige Dinge müssen Sie noch zusätzlich beantragen.

Wichtig!

Denken Sie immer daran: Ihre Gläubiger haben ein großes Interesse daran, sich mit Ihnen in dieser Phase zu einigen. Denn wenn es nicht zu einer Einigung kommt, geht die Verbraucherinsolvenz weiter, und Sie führen nur ein paar Jahre lang die pfändbaren Beträge von Ihrem Einkommen an die Gläubiger ab. Das ist möglicherweise nicht besonders viel; manche Gläubiger bekommen sogar erst im dritten Jahr Geld. Wenn Sie arbeitslos sind und trotz vieler Mühen keine Stelle finden, erhalten die Gläubiger vielleicht überhaupt nichts. Das heißt: Vernünftige Gläubiger kommen Ihnen in dieser Phase entgegen.

3

Sollten Sie die Kosten des Verfahrens nicht oder nur teilweise aus Ihrem Einkommen oder Vermögen aufbringen können (oder wenn darüber Unsicherheit besteht), stellen Sie einen Antrag auf Stundung der Kosten. Viele Gerichte haben hierfür eigene Formulare; erkundigen Sie sich also. Sollte es kein Formular geben, können Sie auch den Musterbrief auf Seite 115 oder den auf Seite 199 im Anhang abgedruckten Musterantrag auf Verfahrenskostenstundung benutzen.

Reicht Ihr Einkommen oder Vermögen nicht aus, um die Verfahrenskosten zu decken, wird das Gericht prüfen, ob Sie Anspruch auf einen Kostenzuschuss gegenüber Dritten haben. Ein gesetzlicher Anspruch kann unter bestimmten Umständen gegen Ihren (auch getrennt lebenden) Ehepartner oder Partner einer eingetragenen Lebenspartnerschaft bestehen. Allerdings nur dann, wenn dieser auch leistungsfähig ist. Ob dies bei Ihnen zutrifft, können Sie – bevor Sie den Antrag stellen – bei einer Schuldnerberatungsstelle oder direkt beim Insolvenzgericht erfragen.

Wenn die Stundung der Kosten bewilligt wird, werden die Gebühren des Gerichts nicht sofort fällig, sondern erst

später von Ihnen verlangt. **Wichtig:** Sie müssen für jeden
Verfahrensabschnitt Stundung beantragen – also sowohl
für das Schuldenbereinigungsverfahren als auch für das
Insolvenzverfahren und für das Verfahren zur Restschuldbefreiung.

Dabei müssen Sie erklären, dass Sie nicht wegen einer
Insolvenzstraftat rechtskräftig verurteilt sind. Das gilt allerdings nur so lange, wie diese Verurteilungen nach dem
Bundeszentralregistergesetz gespeichert sind. Und Sie
müssen versichern, dass Sie auch nicht schon einmal in den
letzten zehn Jahren per Verbraucherinsolvenz entschuldet
wurden oder damit vor Gericht gescheitert sind, zum Beispiel, weil Sie Ihre »Obliegenheiten« nach § 295 InsO nicht
erfüllt hatten (etwa, weil Sie sich nicht um zumutbare Arbeit
bemüht oder Vermögen verheimlicht hatten). Wird Ihnen
die Stundung der Kosten genehmigt, so haben Sie natürlich
auch zusätzliche Pflichten, insbesondere die Verpflichtung
zur Erwerbstätigkeit. Gehen Sie daher auf Nummer sicher
und beachten Sie diese schon, sobald Sie die Kosten des
Insolvenzverfahrens gestundet bekommen.

---> Wenn Ihr Fall außergewöhnlich kompliziert sein sollte, kann
das Gericht Ihnen auch einen Anwalt beiordnen. Dessen Gebühren werden dann ebenfalls erst einmal gestundet. Auch
das müssen Sie aber ausdrücklich beantragen.

Benennen Sie auch alle Gründe, warum die Beiordnung des Anwalts erforderlich ist – allerdings ist das Gericht nach dem Gesetz ohnehin verpflichtet, Ihnen im nötigen Rahmen zu helfen.

---> Beantragen Sie auch zur Sicherheit, dass alle Zwangsvollstreckungsmaßnahmen eingestellt werden.

Haben Sie den Überblick verloren und vergessen, irgendeine der
Unterlagen bei Gericht einzureichen, wird Sie der Richter erin-
nern. Sie haben dann einen Monat Zeit, um auch den Rest einzu-

schicken. Achten Sie unbedingt darauf, diese Frist einzuhalten. Sollten Sie diese versäumen, haben Sie zunächst Ihre Chance verpasst. Das Verfahren wird dann beendet, weil Ihr Antrag als zurückgenommen gilt. Und Sie müssen von vorne anfangen. Einen neuen Antrag können Sie erst nach einer Frist von drei Jahren stellen und müssen dazu auch erneut einen außergerichtlichen Einigungsversuch mit allen Gläubigern unternehmen.

3

Musterbrief: Verfahrenskostenstundung (Vorlage für die Anträge, für die es unter Umständen kein Formular gibt)

An das Amtsgericht ...

1. Hiermit beantrage ich die Stundung der Kosten für das Verbraucherinsolvenzverfahren bis zur Erteilung der Restschuldbefreiung gem. § 4a Abs. 1 InsO. Mein Vermögen reicht voraussichtlich nicht aus, um die Kosten des Verfahrens über den Schuldenbereinigungsplan, des gerichtlichen Insolvenzverfahrens und des Verfahrens zur Restschuldbefreiung zu decken. Ich kann keinen Kostenvorschuss gem. § 26 Abs. 1 Satz 2 InsO leisten. Insofern verweise ich auf meinen Antrag auf Eröffnung des Insolvenzverfahrens, insbesondere auf die beigefügte Vermögensübersicht und das Vermögensverzeichnis. Gemäß § 4a Abs. 1 InsO erkläre ich, dass Gründe zur Versagung der Restschuldbefreiung gem. § 290 Abs. 1 Nr. 1 und 3 InsO nicht vorliegen. Ich bin weder wegen einer Insolvenzstraftat nach §§ 283 – 283 c StGB rechtskräftig verurteilt noch ist mir die Restschuldbefreiung in den letzten zehn Jahren erteilt bzw. nach §§ 296, 297 InsO versagt worden.

Ergänzen, falls zutreffend:
2. Außerdem beantrage ich die Beiordnung eines Anwalts. Die Beiordnung ist erforderlich, weil mein Verfahren außergewöhnlich kompliziert sein wird. (Gründe ...)

Dies sollte zur Sicherheit in allen Schreiben ans Gericht aufgenommen werden:
3. Weiterhin rege ich zur Sicherung der gleichmäßigen Befriedigung aller meiner Gläubiger die Einstellung aller Zwangsvollstreckungsmaßnahmen an.

Wie geht es weiter? Wenn Sie alle Unterlagen eingereicht haben, prüft das Gericht zunächst, ob es sich lohnt, noch mal mit den Gläubigern zu verhandeln, also das sogenannte Schuldenbereinigungsverfahren durchzuführen.

Das Besondere an dieser zweiten Etappe der Verbraucherinsolvenz: Ein verhandelter Plan kann auch gegen den Willen einzelner Gläubiger durchgesetzt werden. Und: Antwortet ein Gläubiger nicht auf das Schreiben des Gerichts, gilt das als Zustimmung zum Plan! Hat die Mehrheit der Gläubiger »Ja« gesagt (oder wird mangels Antwort wie jemand behandelt, der »Ja« gesagt hat), kann das Gericht die Zustimmung der Minderheit ersetzen.

Was eine »Mehrheit« ist, richtet sich sowohl nach der Zahl der Gläubiger als auch danach, wie viel Geld sie von Ihnen fordern.

Beispiel	
Julia Roth schuldet:	
einer Bank	41.000 Euro
einer Teilzahlungsbank	15.000 Euro
einem früheren Vermieter	5.000 Euro
dem Finanzamt	19.000 Euro
gesamt	80.000 Euro

Sind alle – außer dem Vermieter – mit dem Plan einverstanden, kann dessen Zustimmung ersetzt werden. Der Vermieter ist in der Minderheit – auch deswegen, weil er nur 5.000 Euro verlangt. Die Bank, die 41.000 Euro haben will, könnte dagegen den Plan stoppen. Sie steht zwar drei anderen Gläubigern gegenüber, besitzt aber der Summe nach die Mehrheit der Forderungen.

Seit Dezember 2001 sind die Gerichte nicht mehr dazu verpflichtet, solch eine Verhandlungsrunde einzulegen. Denn die
bisherigen Erfahrungen haben gezeigt: Diese zweite Runde
unter Mithilfe des Gerichts bringt selten etwas, wenn die großen
Gläubiger störrisch sind. Sie zögert die ganze Sache nur hinaus
und bedeutet einen unnötig bürokratischen Aufwand. Deswegen
erlaubt jetzt das Gesetz, dass die Richter direkt mit dem dritten
Schritt, dem Insolvenzverfahren, weitermachen, wenn sie nach
»freier Überzeugung« zu dem Schluss gekommen sind, dass der
Schuldenbereinigungsplan nicht angenommen wird.

Entscheidet sich der Richter für das Schuldenbereinigungsverfahren, schickt das Gericht den von Ihnen eingereichten Plan
an Ihre Gläubiger mit der Bitte um Prüfung und Ergänzung. Die
Gläubiger haben dafür einen Monat Zeit. Wenn sie sich nicht
melden, gilt das als Zustimmung zu Ihrem Plan.

Falls die Gläubiger aber Änderungen vorschlagen, bekommen
Sie den Plan zurück und können ihn anpassen. Sie müssen
die Gegenvorschläge aber nicht akzeptieren. Prüfen Sie, ob es
nicht sinnvoller für Sie ist, das rund sechsjährige Verfahren zu
durchlaufen. Wenn Sie einen neuen Vorschlag machen, geht der
noch mal zurück an die Gläubiger. Sollten diese sich nicht mehr
äußern, wird das dann als Einverständnis angesehen.

Will das Gericht einen störrischen Minderheitengläubiger über-
stimmen, kann der sich wehren. Er kann damit argumentieren,
er würde durch den Plan im Vergleich zu den anderen schlechter
gestellt. Oder er kann vortragen, dass ihm Ihre Abstotterei viel
mehr einbringen würde. Das Gericht prüft diese Einwendungen,
kann sich aber auch darüber hinwegsetzen, wenn diese nicht
einleuchtend erscheinen.

Wenn keiner Ihrer Gläubiger etwas gegen den Plan hat, gilt er
als angenommen. Das Gericht fällt einen Beschluss, in dem festgestellt wird, dass der Plan zustande gekommen ist. Ab diesem

Zeitpunkt kann leider wieder bei Ihnen vollstreckt werden, wenn Sie die vereinbarten Zahlungen nicht einhalten.

Achtung: Kommt der Schuldenbereinigungsplan tatsächlich zustande, gilt er nur für die im Plan genannten Gläubiger. Haben Sie einen Gläubiger vergessen, so muss mit allen Gläubigern über dessen Aufnahme in den Plan nachverhandelt werden!

3. Etappe: Insolvenzverfahren

Kommt es zu keiner Einigung über den Plan, wird jetzt das sogenannte Verbraucherinsolvenzverfahren eröffnet. Das heißt, das Gericht setzt einen Treuhänder ein, der Ihre Einkünfte und Ihr restliches Vermögen an die Gläubiger verteilt.

Das klingt schlimmer als es ist: Der Treuhänder darf Ihnen nicht alles wegnehmen. Wie beim Besuch des Gerichtsvollziehers gelten bestimmte Pfändungsgrenzen (siehe Seite 21 f.).

Das Insolvenzverfahren verläuft folgendermaßen: Das Gericht fordert Ihre Gläubiger auf, die Forderungen offiziell anzumelden. Damit alle Gläubiger sich melden können (auch solche, die von dem bisherigen Verfahren noch nicht informiert wurden), macht das Gericht im Internet bekannt, dass gegen Sie ein Insolvenzverfahren eröffnet wurde.

Wichtig: Kontrollieren Sie, ob die Forderung stimmt!
Sie müssen unbedingt aktiv werden, falls einer der Gläubiger zu viel Geld von Ihnen will. Denn sobald eine Forderung in diesem Stadium des Verfahrens offiziell angemeldet wurde, bekommt sie mehr Gewicht. Die Forderung wird dann nämlich in die Insolvenztabelle eingetragen und damit quasi unumstößlich. Das Gericht prüft die Forderungen nicht mehr. Sollte das Verfahren scheitern, können die Gläubiger Ihnen auf Grund der Tabelle den Gerichtsvollzieher ins Haus schicken oder Ihr Konto pfänden.

Es kommt immer wieder vor, dass Gläubiger zu hohe Zinsen verlangen oder unzulässige Gebühren geltend machen. Das heißt: Stimmt die Forderung nicht, müssen Sie unbedingt der Anmeldung innerhalb der Prüfungsfrist (bei einem schriftlichen Verfahren) oder beim Prüfungstermin bei Gericht widersprechen. Damit wird sie zwar trotzdem eingetragen; der Gläubiger muss Sie aber erst verklagen, wenn er den Gerichtsvollzieher losschicken will.

Sollte der Gläubiger, dessen Forderung Sie bestreiten, einen Titel (zum Beispiel einen Vollstreckungsbescheid oder ein Urteil) über die Forderung haben, so müssen Sie innerhalb einer Frist von vier Wochen klagen, da sonst die Forderung trotz Ihres Widerspruchs festgestellt wird. In solchen Fällen macht Sie das Gericht hierauf aber aufmerksam. Sie sollten daher unbedingt zum Prüfungstermin persönlich erscheinen.

Das Gleiche gilt für den Fall, dass ein Gläubiger noch bis zum Schlusstermin eine Forderung als »ausgenommene Forderung« anmeldet. Das heißt, er behauptet, Sie hätten vorsätzlich eine unerlaubte Handlung begangen (zum Beispiel ihn betrogen), und deswegen habe er eine Forderung gegen Sie. Für den Fall, dass der Forderungsgrund »unerlaubte Handlung« zu Unrecht geltend gemacht wird, widersprechen Sie unbedingt, damit diese Forderung auch beim Verfahren »mitmacht«. Ist sie nämlich von der Verbraucherinsolvenz ausgenommen, hat sie sich nicht nach sechs Jahren erledigt.

Gibt es größeren Streit zwischen Ihnen und den Gläubigern über die Forderungen oder ist zu befürchten, dass diese weitere Forderungen im sogenannten Schlusstermin anmelden, gehen Sie unbedingt hin und nehmen Sie einen Anwalt mit. Denn an diesem Tag entscheidet sich für die nächsten Jahre, wie viel Sie noch zahlen müssen. Bei diesem Termin können Sie Ihren Gläubigern noch widersprechen. Sie sollten deshalb hier unbedingt juristischen Beistand haben.

Sobald das Gericht den Treuhänder eingesetzt hat, setzt der sich dann mit Ihnen in Verbindung, um sich über Ihre Einkünfte und Ihr Vermögen ein Bild zu machen und unter Umständen einzelne Gegenstände zu verkaufen oder zu versteigern.

Wenn Sie noch ein Haus oder eine Eigentumswohnung besitzen, werden Sie dieses Vermögen vermutlich in dieser Phase des Verfahrens verlieren. Das verwertet aber normalerweise nicht der Treuhänder, sondern die Gläubiger kümmern sich darum.

Außerdem: Restschuldbefreiung wird vorbereitet

Während des Insolvenzverfahrens klärt das Gericht auch, ob Sie überhaupt von Ihren Schulden freikommen können: Sie müssen in der letzten Zeit ein »redlicher« Mensch gewesen sein. Das heißt: Wenn die Gläubiger einen der folgenden Kritikpunkte nachvollziehbar belegen können und bei Gericht beantragen, dass Sie nicht von Ihren Schulden befreit werden dürfen, kann das ganze Verfahren vom Gericht gestoppt werden:

---> Sie dürfen in den letzten drei Jahren keine falschen Angaben gemacht haben, um an einen Kredit oder an Sozialleistungen heranzukommen. Auch eine Schummelei bei der Steuer kann Ihnen jetzt zum Verhängnis werden: Wenn Sie schriftlich falsche oder unvollständige Angaben gemacht haben, dürfen Sie nicht von der Restschuldbefreiung profitieren.

---> Aber keine Angst: »Jugendsünden« zählen nicht. Rechnen Sie vom Datum Ihres Antrags bei Gericht drei Jahre zurück; entscheidend ist, was seither passiert ist. Falls Sie mal am Telefon etwas Falsches gesagt haben, schadet das nicht. Es müssen schriftliche Angaben gewesen sein – und die muss der Gläubiger als Beweis in der Hand haben.

---> Sie dürfen nicht wegen Bankrott, Verletzung der Buchführungspflicht oder Gläubigerbegünstigung rechtskräftig verurteilt worden sein. Eine solche Verurteilung hindert Sie so lange an einem Insolvenzverfahren, wie sie im Bundeszentralregister (dem Register für strafrechtliche Verurteilungen) steht. Wie lange eine Verurteilung dort gespeichert wird, hängt von der Höhe der Verurteilung und der Art der Straftat ab. Im Einzelfall muss gegebenenfalls nachgefragt werden, ob eine Straftat noch gespeichert ist. Das gilt aber nur für Straftaten der beschriebenen Art. Wurden Sie verurteilt, weil Sie ein nicht haftpflichtversichertes Auto gefahren oder eine Körperverletzung begangen haben, dürfen Sie dennoch ein Insolvenzverfahren beantragen.

----> Ihnen darf in den letzten zehn Jahren nicht bereits Restschuldbefreiung erteilt worden sein. Genauso wenig darf sie Ihnen per Gerichtsbeschluss versagt worden sein, weil Sie Ihren Pflichten nicht nachgekommen oder sogar wegen einer Konkursstraftat verurteilt worden sind.

----> Sie dürfen im letzten Jahr vor dem Antrag nicht grob fahrlässig zulasten der Gläubiger Ihre wirtschaftliche Lage verschlechtert haben. Wenn Sie sich in letzter Zeit noch einen teuren Wagen oder edlen Schmuck gekauft oder eine weite Reise gemacht haben, könnte Ihre Schuldenbefreiung daran scheitern. Luxusausgaben sind für die Gerichte ein Anzeichen dafür, dass Sie Ihr Vermögen verschwendet haben.

----> Sie müssen während des Insolvenzverfahrens immer Auskunft erteilen, alle Ihre Pflichten erfüllen und sich auf Anordnung des Gerichts jederzeit zur Verfügung stellen. Andernfalls kann der Richter die Restschuldbefreiung versagen.

----> Auch die Listen, die Sie vorlegen, müssen stimmen. Wie schon gesagt (siehe Seite 109): Es sind alle Forderungen anzugeben, die gegen Sie geltend gemacht werden. Und zwar auch dann, wenn Sie diese für nicht berechtigt halten. Solche Forderungen müssen Sie zusätzlich mit »bestritten« kennzeichnen, damit man Ihnen nicht vorwerfen kann, dass

Sie eine Forderung vortäuschen. Selbstverständlich müssen die Angaben zu Ihrem Vermögen stimmen.

----> Achten Sie darauf, dass Sie auch schon während dieses Verfahrensabschnitts alle »Obliegenheiten« erfüllen, die in § 295 InsO erwähnt sind: Bemühen Sie sich also um zumutbare Arbeit, wenn Sie arbeitslos sind. Erteilen Sie Auskunft an den Treuhänder und ans Gericht, zum Beispiel, wenn Sie umziehen. Verheimlichen Sie kein Vermögen. Falls Sie etwas erben, unterrichten Sie den Treuhänder darüber. Und zahlen Sie nicht direkt an irgendeinen Gläubiger (Einzelheiten im Abschnitt zur »Wohlverhaltensperiode«).

Beantragt ein Gläubiger die Versagung der Restschuldbefreiung, dann müssen Sie seine Behauptungen unbedingt sofort bestreiten, wenn er sich auf etwas beruft, das aus Ihrer Sicht nicht stimmt. Lehnt dann das Gericht die Restschuldbefreiung tatsächlich ab, können Sie sich mit der sogenannten »sofortigen Beschwerde« innerhalb von zwei Wochen(!) wehren.

Wird die Versagung der Restschuldbefreiung jedoch rechtskräftig festgestellt, haben Sie in einer Vielzahl von Fällen eine Sperrzeit von drei Jahren, bevor Sie ein neues Verfahren beginnen können.

Sonderfall: Es hat nur Ihr Gläubiger das Insolvenzverfahren beantragt

Vielleicht hat er das getan, um Sie unter Druck zu setzen: Denn jetzt wird es für Sie schwierig, rechtzeitig alle Unterlagen vorzulegen. Das Gericht setzt Ihnen eine Frist, innerhalb der Sie entscheiden müssen, ob Sie auch einen Antrag auf Restschuldbefreiung stellen wollen. Wichtig: Nur wenn Sie selbst einen Antrag stellen, können Sie die Restschuldbefreiung erreichen.

Wenn nichts gegen Sie spricht:
----> beschließt das Gericht die Aufhebung des Insolvenzverfahrens und veröffentlicht diesen Beschluss im Internet;

┄┄⟩ kündigt das Gericht in einem förmlichen Beschluss an, dass
Sie von Ihren Schulden befreit werden, wenn Sie in den folgenden Jahren alle Pflichten befolgen.

4. Etappe: Wohlverhaltensperiode

Jetzt beginnt die »Wohlverhaltensperiode« oder »Treuhandperiode«, die ab Eröffnung des Insolvenzverfahrens insgesamt
sechs Jahre dauert. Der Treuhänder bekommt den pfändbaren
Teil Ihres Gehalts, führt diesen einmal im Jahr an die Gläubiger
ab – und, wenn alles gut geht, spricht Sie das Gericht am Ende
des sechsten Jahres von allen Schulden frei.

Auf Grund Ihrer Abtretungserklärung muss Ihr Arbeitgeber ab
dem Monat, der auf den Gerichtsbeschluss folgt, dem Treuhänder den pfändbaren Teil Ihres Lohns überweisen. Das Geld, das
der Treuhänder bekommt, muss er von seinem sonstigen Vermögen getrennt auf einem eigenen Konto verbuchen und jeweils
Ende des Jahres abrechnen.

Wurden Ihnen die Gerichtskosten und die Gebühren des Treuhänders gestundet, wird das Geld, das beim Treuhänder eingeht, aber erst einmal dazu benutzt, diese Kosten zu decken.
Das heißt, Ihre Gläubiger müssen sich so lange gedulden, bis
diese offenen Forderungen beglichen sind.

**Sonderfall: Sie haben zum Beispiel einer Bank Teile Ihres Lohns
schriftlich abgetreten**
Wenn die Bank (oder ein anderer Gläubiger) schon jetzt Teile
Ihres Lohns abzweigt, weil Sie eine Abtretungserklärung unterschrieben haben, gilt eine Sonderregel. (Fragen Sie in der Personalabteilung nach: Überweist der Arbeitgeber das Geld nicht auf
Grund eines gerichtlichen »Pfändungs- und Überweisungsbeschlusses«, sondern nur auf Grund einer Abtretungserklärung in

einem Kreditvertrag?) Die Banken, die durchweg mit Forderungs-
abtretungen arbeiten, haben nämlich Vorrang: Sie können sich
noch zwei Jahre ab Eröffnung des Insolvenzverfahrens das Geld
vom Arbeitgeber überweisen lassen. Wenn die Banken den gesamten pfändbaren Anteil Ihres Lohns bekommen, erhalten die
anderen Gläubiger in dieser Zeit keinen einzigen Cent. Und auch
die Staatskasse, die Ihnen ihre Kosten gestundet hat, muss sich
gedulden.

Gleiches gilt für den Fall, dass Ihr Arbeitgeber oder ein Sozialleistungsträger Ihnen ein Darlehen gegeben oder eine andere
Forderung, zum Beispiel aus Schadenersatz, gegen Sie hat.
Auch diese Gläubiger erhalten im Insolvenzverfahren zunächst
noch zwei Jahre lang den gesamten pfändbaren Betrag.

Die gute Nachricht: Sie haben Ruhe vor Ihren Gläubigern
Während des Insolvenzverfahrens und der Wohlverhaltenszeit
darf niemand bei Ihnen vollstrecken, der schon vor Eröffnung
des Insolvenzverfahrens eine Forderung gegen Sie hatte.

Dauerpfändungen, zum Beispiel Lohnpfändungen, werden allerdings erst nach der Verfahrenseröffnung unwirksam – spätes-
tens im übernächsten Monat.

Das heißt, Sie haben rund sechs Jahre Ruhe vorm Gerichtsvollzieher. Auch wenn das Inkassobüro weiterhin seine durchtrai-
nierten Mitarbeiter bei Ihnen vorbeischickt und versucht, Sie
einzuschüchtern: Sie müssen und dürfen auch nichts zahlen!
Die Gläubiger müssen sich mit den Beträgen zufriedengeben,
die von Ihrem Arbeitseinkommen einbehalten werden. Wenn Sie
arbeitslos sein sollten und trotz emsigen Suchens keine Stelle
finden, haben die Gläubiger Pech gehabt. Sie müssen aber jede
zumutbare Arbeit annehmen und sich intensiv um eine solche
bemühen, wenn sie zurzeit beschäftigungslos sind.

Ausnahmen:

⸱⸱⸱⸥ Die Gläubiger dürfen zwar nichts beschlagnahmen und vollstrecken, was Ihnen gehört. Aber bestimmte Sicherheiten können die Gläubiger trotzdem zu Geld machen – wenn Ihr Auto zum Beispiel der Bank gehört, darf sie es Ihnen wegnehmen.

⸱⸱⸱⸥ Wenn Sie während der Wohlverhaltenszeit neue Schulden machen, bleiben diese außen vor. Sie nehmen nicht an der Verbraucherinsolvenz teil. Das heißt, Sie werden am Ende nicht ganz schuldenfrei sein, wenn sich eben diese neuen Schulden angesammelt haben.

⸱⸱⸱⸥ Auch dürfen neue Gläubiger trotz Wohlverhaltensperiode weiter gegen Sie vollstrecken.

Wenn Sie erben, dürfen Sie die Hälfte behalten

Die Gesetzesmacher befürchteten, dass Sie ein mögliches Erbe ausschlagen könnten, wenn der Treuhänder und die Gläubiger alles bekommen. Darum haben sie für Erbschaften eine Sonderregel geschaffen. Sollten Sie während der Wohlverhaltenszeit etwas erben, müssen Sie davon nur die Hälfte abführen. Auch wenn Ihnen – in vorweggenommener Erbfolge – Vermögen übertragen wird, müssen Sie die Hälfte über den Treuhänder an die Gläubiger abgeben. Vorher werden sogenannte Nachlasskosten, wie zum Beispiel die Kosten für die Beerdigung des Verstorbenen, abgezogen. Die andere Hälfte dürfen Sie behalten. Aus dieser Hälfte müssen Sie dann auch die Erbschaftssteuern bezahlen.

Alles, was Sie vor Beginn der Wohlverhaltenszeit geerbt haben, müssen Sie natürlich ganz abgeben. Das wird bereits während der 3. Etappe, im Insolvenzverfahren, verwertet.

Es steht Ihnen natürlich nach wie vor frei, ein Erbe auszuschlagen. Erkundigen Sie sich zuvor jedoch, ob dies Auswirkungen auf die Stundung der Verfahrenskosten hat. Bisher hat die Rechtsprechung dies nur im Hinblick darauf entschieden, dass Pflichtteilsansprüche nicht geltend gemacht werden.

Ganz frei: Geschenke und Lottogewinne

Geld, das Sie geschenkt bekommen (und nicht erben), ist in der Wohlverhaltensperiode dagegen ganz frei. Sie dürfen es behalten – ebenso wie einen möglichen Lottogewinn. Wenn Sie allerdings während der Wohlverhaltenszeit neue Schulden machen, können die neuen Gläubiger in dieses neue Vermögen vollstrecken lassen. Denn das Vollstreckungsverbot gilt nur für die Schulden, die Sie auch schon zum Zeitpunkt der Eröffnung des Insolvenzverfahrens hatten.

Wenn Sie dann Vermögen haben, scheidet natürlich eine Stundung der Verfahrenskosten für die Mindestgebühr des Treuhänders für die verbleibenden Jahre aus. Und nach erteilter Restschuldbefreiung am Ende müssen Sie, wenn das Vermögen reicht, die bisher gestundeten Kosten des Verfahrens zahlen.

Der Treuhänder kann mit Ihrer Überwachung beauftragt werden

Der Treuhänder ist nicht verpflichtet, Sie ständig zu überwachen. Aber wenn die Gläubiger es verlangen (und auch die Mehrarbeit des Treuhänders bezahlen), muss er kontrollieren, ob Sie sich wirklich »wohlverhalten«. Dies kommt aber in der Praxis äußerst selten vor.

Pflicht zur Erwerbstätigkeit

Das Gesetz verlangt, dass Sie einer »angemessenen Erwerbstätigkeit« nachgehen. Sind Sie arbeitslos, verstoßen Sie möglicherweise gegen eine »Obliegenheit«, wenn Sie sich nicht ausreichend bemühen, Arbeit zu finden oder wenn Sie entsprechende Angebote ablehnen. Das gilt auch, wenn Sie Aushilfs- und Gelegenheitsjobs ablehnen – sofern den Gläubigern dadurch pfändbares Einkommen entgeht. Es kann also Streit darum geben, ob Sie sich ernsthaft um zumutbare Arbeit bemüht haben. Die Anfrage beim Job-Center wird dem Treuhänder vermutlich nicht genügen, wenn er Sie im Auftrag der Gläubiger überwachen sollte. Sie müssen unter Umständen belegen können, dass Sie sich auch auf eigene Faust regelmäßig beworben und vorgestellt haben. Heben Sie deswegen alles auf, was beweisen könnte, dass Sie sich Mühe gegeben haben: Bewerbungsunterlagen, Briefe von Arbeitgebern, bei denen Sie sich vorgestellt haben. Es schadet auch nichts, wenn Sie wie in einem Tagebuch alle Bemühungen dokumentieren.

Wenn Sie sich andererseits um Ihre Familie kümmern, zum Beispiel als Alleinerziehende kleine Kinder zu betreuen haben, ist die Arbeitsaufnahme nicht zumutbar. Das Gleiche gilt für Rentner oder durch Krankheit Erwerbsunfähige. Der Treuhänder und die Gläubiger müssen dann darauf Rücksicht nehmen.

3

Wenn Sie plötzlich mit dem Geld nicht mehr auskommen

Sechs Jahre sind eine lange Zeit. Es ist gut möglich, dass Sie währenddessen einen neuen Arbeitsplatz finden, jetzt sehr hohe Fahrtkosten haben oder Ihnen ein anderes unvorhergesehenes Ereignis in die Quere kommt. Die gute Nachricht: Seit der Reform der Insolvenzordnung 2001 ist klar, dass das, was Sie abzahlen, reduziert werden kann. Sie müssen einen Antrag bei Ihrem Insolvenzgericht stellen – ganz so, wie Sie das vielleicht früher schon bei den regulären Lohnpfändungen gemacht haben (siehe Seite 39). Sie müssen nur eine Bescheinigung vom Job-Center beziehungsweise Sozialamt vorlegen, wie hoch Ihr sozialrechtliches Existenzminimum angesichts der veränderten Lebensumstände ist. Das Gericht kann dann auch den Betrag erhöhen, den Sie für sich behalten dürfen.

Sie müssen mit dem Treuhänder zusammenarbeiten

Sollten Sie eine Steuererstattung erhalten, etwas erben oder im Lotto gewinnen, so müssen Sie dies dem Treuhänder melden. Natürlich müssen Sie dem Treuhänder die Wahrheit sagen, wenn er Sie nach Vermögenswerten oder aber nach Ihren Bemühungen um Arbeit fragt. Neben einem Wohnort- oder Arbeitgeberwechsel müssen Sie auch angeben, wenn ein Unterhaltsberechtigter wegfällt, etwa weil Ihr Kind in seiner Ausbildung selbst Geld verdient. Sollten Sie unsicher sein, ob Sie dem Treuhänder etwas mitteilen müssen, so sollten Sie unverzüglich in der Schuldnerberatung nachfragen. Denn machen Sie einen Fehler, so kann das Ihre Restschuldbefreiung gefährden.

Wenn Ihnen eine Stundung der Verfahrenskosten bewilligt worden ist, müssen Sie neben dem Treuhänder unbedingt auch das Gericht über die relevanten Änderungen informieren!

Der Treuhänder darf Ihnen nicht die Wohnung kündigen!

Dies gilt zumindest dann, wenn Sie in einer »normalen« Mietwohnung leben – dann kann Ihnen nichts passieren. Etwas anderes gilt, wenn Sie in einer Genossenschaftswohnung wohnen. Auch hier ist das Mietverhältnis für den Treuhänder tabu. Allerdings darf er die Genossenschaftsanteile verwerten. Dann fließt Geld an den Treuhänder. Problem ist, dass die meisten Verträge über Genossenschaftswohnungen voraussetzen, dass Ihnen Genossenschaftsanteile gehören. Das kann also dazu führen, dass Ihnen die Genossenschaftswohnung durch die Genossenschaft (den Vermieter) gekündigt wird. Hier sollten Sie sich im Vorfeld in jedem Fall juristischen Rat holen, bevor Sie auf der Straße sitzen.

Wenn es schiefläuft …

Das Gericht beendet das Verfahren bei Pflichtverletzung vorzeitig, wenn ein Gläubiger dies beantragt. Um das zu tun, darf er aber nicht ewig warten. Er muss innerhalb eines Jahres, nachdem er von Ihrer (vermeintlichen) Nachlässigkeit erfährt, den Antrag stellen und belegen, was Sie alles falsch gemacht haben sollen. Dies kann der Gläubiger auch noch bis zu einem Jahr nach erteilter Restschuldbefreiung tun!

Sie erhalten dann Gelegenheit, Stellung zu nehmen. Trifft Sie keine Schuld – hatten Sie zum Beispiel einen Unfall und konnten deswegen nicht rechtzeitig Ihre Pflichten wahrnehmen – darf das Gericht das Verfahren nicht stoppen. Dasselbe gilt für den

Fall, dass Ihr Fehlverhalten nur eine Lappalie darstellt. (Wenn Sie zum Beispiel nur mit wenigen Tagen Verspätung auf eine Anfrage des Treuhänders reagiert haben.)

Sollte das Gericht das Verfahren vorzeitig beenden, können Sie sich mit der sofortigen Beschwerde dagegen wehren. Ist der Beschluss des Gerichts endgültig, dass Sie nicht schuldenfrei gestellt werden dürfen, wird das dann öffentlich bekannt gemacht. Außerdem sind Sie für zehn Jahre gesperrt, können also so schnell keine neue Verbraucherinsolvenz beantragen.

3

Gratulation: Sie haben sechs Jahre durchgestanden!

Wenn Sie die »Wohlverhaltenszeit« ordentlich hinter sich gebracht haben, erkundigt sich das Gericht noch einmal bei allen Beteiligten, ob berechtigte Einwände gegen Ihre Schuldbefreiung bestehen. Wenn nichts gegen Sie spricht (also wenn Sie alle Ihre Pflichten erfüllt haben), dann beschließt das Gericht förmlich, dass Sie in Zukunft schuldenfrei sind. Der Beschluss wird öffentlich bekannt gemacht – und Sie dürfen feiern.

Denn dieser Beschluss ist selbst für die Gläubiger wirksam, die ihre Forderungen nicht angemeldet oder nicht am Verfahren teilgenommen haben. Sie sind also grundsätzlich niemandem mehr etwas schuldig. (Zahlen Sie einem Gläubiger trotzdem noch etwas, ist dieses Geld allerdings verloren. Sie können es nicht wieder zurückverlangen.)

Ein paar Schulden können trotzdem bleiben

Das sind einmal neue Schulden, die Sie während des Insolvenzverfahrens und der Wohlverhaltenszeit machen. Denn nur von den Schulden, die bis zur 3. Etappe (Eröffnung des Insolvenzverfahrens) entstanden sind, können Sie sich durch Restschuldbefreiung entledigen. Forderungen, die danach entstehen, wie laufender Unterhalt oder Ihre Miete, müssen Sie natürlich zah-

len. Tun Sie das nicht, haben Sie nach Abschluss des Verfahrens Schulden, die trotz Restschuldbefreiung so lange bestehen bleiben, bis Sie diese bezahlen.

Daneben gibt es noch die Forderungen, die aus einer Straftat stammen oder Geldstrafen und Geldbußen. Auch die können von der Restschuldbefreiung ausgenommen sein, obwohl sie vor Eröffnung des Insolvenzverfahrens bereits bestanden. Bei allen Verfahren, die nach der Reform im Dezember 2001 begonnen haben oder beginnen, müssen die Gläubiger zu Beginn des Verfahrens »anmelden«, ob sie eine solche Forderung haben. Das Gericht informiert dann denjenigen, der seine Schulden loswerden will, über die Anmeldung damit geklärt werden kann, ob so eine besondere Forderung besteht. Haben Sie einer solchen besonderen Anmeldung einer Forderung nicht im Verfahren ausdrücklich widersprochen oder wurde festgestellt, dass Sie aus einer Straftat etwas schulden, dann müssen Sie das auch nach der Restschuldbefreiung noch zahlen.

Erklärt ein Gläubiger vor oder im Insolvenzverfahren, dass er eine Forderung aus einer Straftat gegen Sie hat, etwa weil Sie Ihn betrogen hätten, sollten Sie sich rechtliche Unterstützung holen.

Alles, was Ihnen an Verfahrenskosten gestundet wurde (Gerichts- und Treuhänderkosten, soweit noch nicht im Laufe des Verfahrens beglichen, und eventuelle Anwaltsgebühren), ist noch in Raten bis zu vier Jahre nach Ende des Verfahrens abzubezahlen. **Aber Achtung:** Es gelten dieselben Regeln wie bei der Prozesskostenhilfe (siehe Seite 177). Das heißt, wenn Sie ungefähr ein Einkommen haben, das in der Höhe Arbeitslosengeld II entspricht, müssen Sie nichts mehr zahlen. Sonst müssen Sie die Sache in Raten abstottern. Falls am Ende der vier Jahre immer noch nicht alles abbezahlt ist, wird der Rest erlassen.

Vorsicht: Die Schuldenfreiheit ist noch angreifbar

Erst ein Jahr nach dem Gerichtsbeschluss sind Sie auf der sicheren Seite, weil so lange noch ein Widerruf möglich ist. Die Gläubiger können diesen bei Gericht beantragen, wenn sich nachträglich herausstellt, dass Sie bewusst Ihre Pflichten verletzt haben (zum Beispiel ererbtes Vermögen verheimlicht haben). Die Gläubiger müssen jedoch nachvollziehbar darlegen, dass sie tatsächlich erst jetzt davon erfahren haben und dass sie auf Grund Ihrer Pflichtverletzung weniger Geld bekommen haben.

Die Eröffnung des Insolvenzverfahrens wird in die SCHUFA eingetragen, ebenso wie weitere relevante Verfahrensschritte, zum Beispiel die Aufhebung des Insolvenzverfahrens, die Ankündigung der Restschuldbefreiung usw. Haben Sie bis zum Ende durchgehalten, erscheint zuletzt der Eintrag »Restschuldbefreiung erteilt«. Dieser Eintrag bleibt allerdings noch weitere drei Jahre in der SCHUFA gespeichert.

4

Wie Sie auf Dauer Ihre Schulden loswerden
Ein Arbeitsplan

Egal, ob Sie sich entscheiden, die Verbraucherinsolvenz zu durchlaufen oder einfach so Ihre finanziellen Verhältnisse in den Griff zu bekommen – Ihre nächsten Arbeitsschritte sind gleich.

Checkliste

Diese Liste verschafft Ihnen einen Überblick, wie Sie am besten vorgehen. Checken Sie Schritt für Schritt ab.

☐ 1. Ordnen Sie Ihre Unterlagen!

☐ 2. Stellen Sie einen Haushaltsplan auf!

☐ 3. Überlegen Sie – Wo können Sie sparen?

☐ 4. Überlegen Sie – Können Sie Ihre Einkünfte erhöhen?

☐ 5. Überlegen Sie – Wie soll Ihr Sanierungsplan aussehen?

☐ 6. Entscheiden Sie – Wollen Sie die Verbraucherinsolvenz beantragen?

1. Schritt: Ordnen Sie Ihre Unterlagen!

Zuerst müssen Sie sich über Ihre Situation klar werden: Sortieren Sie die Unterlagen, die über Ihre Schulden Auskunft geben – also Kreditverträge, Rechnungen, Kontoauszüge, Zahlungsbelege und so weiter.

Auch wenn Sie wirklich wenig Geld haben – kaufen Sie sich einen neuen Ordner, lochen Sie die Papiere und heften Sie diese ein. Vielleicht finden Sie diesen Rat albern, aber das ist er nicht: Viele Menschen scheitern schon daran, dass sie den Überblick über ihre Schulden verlieren.

Wenn Sie beim Sortieren feststellen, dass Ihnen Unterlagen fehlen, schreiben Sie an Ihre Gläubiger (Musterbrief bei den außergerichtlichen Verhandlungen Seite 108).

Möglicherweise kommen Sie über das Lohnbüro Ihrer Firma schneller an Informationen über Ihren Schuldenstand. Denn wenn Ihr Lohn gepfändet oder auf Grund einer Abtretungserklärung an die Gläubiger überwiesen wird, gibt es dort sicher Unterlagen über Ihre Schulden. Denkbar ist auch eine Anfrage bei der SCHUFA (siehe Seite 62 f.). Haben Sie eine eidesstattliche Versicherung abgelegt, können Sie außerdem beim Amtsgericht im Schuldnerverzeichnis nachfragen.

Haben Sie alle Papiere beisammen, stellen Sie eine Liste aller Forderungen auf.

Nicht alles, was auf dem Papier steht, muss stimmen

Bürsten Sie jede einzelne Forderung noch einmal gegen den Strich: Fordert der Gläubiger sein Geld zu Recht? Vielleicht sind Sie gar nicht in der Pflicht, sondern nur Ihr (Ex-)Ehegatte? Vielleicht verlangt der Gläubiger viel zu viele Gebühren? Oder ist die Forderung längst verjährt? Lastet auf Ihnen noch ein ganz alter Kreditvertrag, den Sie Ende der Siebziger- oder Anfang der Achtzigerjahre abgeschlossen haben? Diese Verträge waren häufig sittenwidrig und daher ungültig. Oder werden überhöhte Verzugszinsen verlangt?

Wenn Sie sich unsicher sind, lassen Sie sich unbedingt beraten. Es lohnt sich, so früh wie möglich zu einer Verbraucher- oder Schuldnerberatungsstelle zu gehen.

Es fragt sich auch, ob Ihre Zahlungen in der Vergangenheit korrekt verrechnet wurden. Normalerweise werden mit den Zahlungen nach dem Gesetz erst einmal die Kosten, dann die Zinsen und zuletzt die Hauptforderung getilgt. Das heißt, es kann ewig dauern, bis die Hauptforderung einmal abbezahlt ist.

Aber Sie können das ändern. Sie müssen nur auf dem Überweisungsformular oder auf dem Einzahlungsschein in der Spalte »Verwendungszweck« die wichtigen Worte »Zur Anrechnung auf die Hauptforderung« eintragen. Jetzt muss Ihr Gläubiger nach § 367 Absatz 2 des Bürgerlichen Gesetzbuchs zuerst die Hauptforderung tilgen. Er kann zwar die Zahlungen auch ganz ablehnen. Aber vermutlich ist er froh, dass er überhaupt etwas bekommt. Wichtig ist allerdings, dass Sie die Durchschläge der Überweisungsträger aufbewahren!

Wenn Ihr Kredit ein sogenannter Verbraucherkredit ist (das sind die meisten Kredite, die nicht für Geschäfte gewährt werden) und wenn Sie ihn nach dem 1. Januar 1991 aufgenommen haben, können Sie diesen Punkt abhaken. Dann haben Sie nach dem sogenannten Verbraucherkreditgesetz (§ 11 Absatz 3; seit 1. Januar 2002 § 497 BGB neue Fassung) einen gesetzlichen Anspruch auf eine schuldnerfreundliche Verrechnung. Zuerst werden die Kosten getilgt, die dem Gläubiger durch die Mahnung und Zwangsvollstreckung bei Ihnen entstanden sind. Alle weiteren Zahlungen werden dann auf die Hauptforderung und erst zum Schluss auf die Zinsen angerechnet.

2. Schritt: Stellen Sie einen Haushaltsplan auf!

Um mit den Schulden fertig zu werden, müssen Sie wissen, wie viel Geld Sie überhaupt übrig haben. Dazu müssen Sie Ihre Einnahmen und Ausgaben gegenüberstellen. Vergessen Sie dabei nicht die Zahlungen, die nur viertel- oder halbjährlich anstehen. Das macht ein bisschen Arbeit, aber hinterher werden Sie wesentlich besser »durchblicken«. Beim Kassensturz hilft Ihnen ein Haushaltsbuch, wie es bei den Verbraucherzentralen erhältlich ist (siehe Seite 216).

3. Schritt: Überlegen Sie – Wo können Sie sparen?

»Wenn ich noch mehr spare, dann macht ja überhaupt nichts mehr Spaß!« Viele Schuldner geben aus diesem Grund an diesem Punkt auf. Tun Sie das nicht! – denn es muss ja nicht immer so weitergehen. Zugegeben, die Jahre, in denen Sie die Verbraucherinsolvenz durchlaufen, können hart sein. Aber danach haben Sie Aussicht, wieder »normal« leben zu können.

Überprüfen Sie Ihre Versicherungen

Die Erfahrung der Schuldnerberater zeigt: Bei den Ausgaben für Versicherungen lässt sich oft sparen. Bei den Verbraucherzentralen gibt es vielfältige Hilfestellungen, wie man sich richtig und kostengünstig versichert: von der persönlichen Beratung bis hin zum computergestützten Versicherungsvergleich.

4

Denken Sie über Ihr Auto nach

»Das Auto ist der Motor der Verschuldung«, heißt ein Spruch unter Schuldnerberatern. Das bedeutet: Häufig liegt es am teuren Gefährt, dass Menschen in Finanzschwierigkeiten geraten. Denn hierbei verschätzen sich viele; nicht nur die Anschaffungskosten, auch das Benzin, die Versicherungen, die Steuern und vor allem die Reparaturen sind oft teurer als erwartet.

Auch wenn Ihnen Ihr Auto sehr wichtig ist: Denken Sie darüber nach, ob Sie nicht doch darauf verzichten oder es zumindest mit anderen teilen können. Wenn Sie öffentliche Verkehrsmittel nur ungern besteigen oder Sie mit ihnen nicht ans Ziel kommen, überlegen Sie, ob Sie vielleicht eine Fahrgemeinschaft bilden oder Mitglied eines Carsharing-Rings (einer Autobesitzergemeinschaft) werden sollten. Mitfahrzentralen sind gute Anlaufstellen, um preiswert und autobequem ans Ziel zu kommen. Wenn Sie nur selten fahren, ist vielleicht sogar ein Taxi oder ein Mietwagen günstiger als ein eigenes Auto.

Wenn Sie nun gar nicht auf ein Auto verzichten können, denken Sie darüber nach, ob es für Sie nicht auch ein preiswerteres Mobil täte. Stellen Sie sich aber schon mal darauf ein: In der Verbraucherinsolvenz werden Sie das Auto in der Regel nicht behalten können. Halten Sie durch. Wenn Sie hinterher immer noch »auto-närrisch« sind, können Sie sich ja durchaus wieder etwas Größeres zulegen.

Gehen Sie mit Energie bewusst um

Wir tun häufig so, als ob es Strom und Wärme umsonst gäbe. Ein Irrtum: Für jede Glühlampe, jeden erwärmten Raum und jeden Fernseher, der im Stand-by-Betrieb läuft, müssen Sie zahlen. Da kommt einiges zusammen. Machen Sie sich einen Sport daraus, Leuchten und Elektrogeräte nach der Benutzung auszuschalten. Wenn Sie sich erst einmal an die Handgriffe gewöhnt haben, kommt es Ihnen nicht mehr knickrig vor!

Lassen Sie den Unterhalt überprüfen

Haben Sie ein nichteheliches Kind, können Sie bei finanziellen Engpässen beim Jugendamt die Herabsetzung des Unterhalts beantragen. Wenn Sie für ein eheliches Kind oder einen (ehemaligen) Ehepartner zahlen, müssen Sie sich mit ihm oder ihr auf eine Reduzierung des Unterhalts einigen. In allen drei Fällen bleibt Ihnen notfalls nichts anderes übrig als zu Gericht zu gehen, wenn Gespräche nichts bringen. Damit sollten Sie dann allerdings nicht zu lange warten, denn die Richter können den Unterhalt nur für die Zukunft absenken, nicht rückwirkend.

Können Sie beim Einkaufen noch sparen?

Eine (bekannte) Regel heißt: Nur mit Einkaufszettel losgehen und niemals dann, wenn Sie hungrig sind. Ein leerer Magen verführt dazu, überflüssige Leckereien zu kaufen. Machen Sie sich mit Ihren Kindern einen Sport daraus, nicht auf solche Produkte hereinzufallen, die im Supermarkt so geschickt platziert sind, dass Sie Ihnen ins Auge fallen und Sie so zum Kauf verführen wollen. Und fragen Sie grundsätzlich immer im Geschäft nach einem Rabatt. Wenn Sie das noch nie getan haben, ist es anfangs sicher ungewohnt. Aber Sie werden feststellen: Die Verkäufer sind an solche Fragen gewöhnt.

Und noch ein paar Vorschläge zum Sparen: Für größere Anschaffungen können Sie eine Preisagentur beauftragen, die für Sie recherchiert, wo es was besonders preisgünstig gibt. Auch Tauschbörsen sind manchmal ein Ausweg. Da bieten andere Menschen Leistungen an, die Sie nicht bezahlen müssen, solange Sie Ihrerseits im Tausch etwas anbieten, was Sie können (zum Beispiel Babysitten, Rasen mähen, Bügeln und so weiter). Auch können Sie die Haushaltskasse entlasten, wenn Sie Dinge mieten, statt sie zu kaufen: Etwa das Werkzeug oder auch das Geschirr für eine große Feier. Auch bei der Lektüre können Sie sparen – häufig ist es günstiger, nur ab und zu Zeitungen am Kiosk zu kaufen als laufend für das Abo zu berappen.

Grenzen des Sparens

Vielleicht gelingt es Ihnen, Ihre Haushaltskasse auszugleichen. Aber möglicherweise spüren Sie die Einschränkungen an allen Ecken und Enden. Bestimmte Dinge – wie Urlaub oder Neuanschaffungen – können sich viele Menschen in Deutschland einfach nicht mehr leisten. Sie haben kein Geld fürs Kino, für Geschenke, fürs Ausgehen oder Einladungen an die Verwandtschaft. Arbeitslosigkeit, Kurzarbeit, hohe Mieten, die aggressive Werbung von Banken oder Versandhäusern – die Ursachen können vielfältig sein.

Hier helfen dann auch keine gut gemeinten Spartipps mehr. Wenn Sie nicht mehr wissen, wie Sie alles bezahlen sollen, muss das keineswegs mehr nur Ihre Privatsache sein. Armut und Schulden sind auch eine politische Frage.

Das soll Sie aber nicht dazu animieren, sich mit den Worten »die da oben sind an allem schuld« in Ihr Schneckenhaus zurückzuziehen. Diesen Fehler machen so viele überschuldete Menschen.

Politische Rahmenbedingungen lassen sich verändern. Tun Sie sich mit anderen zusammen. Vielleicht finden Sie die Kraft (wenn Ihre »Miesen« erst einmal abgetragen sind), sich gegen die Dinge zu engagieren, die zu Ihrer Überschuldung beigetragen haben.

4. Schritt: Überlegen Sie – Können Sie Ihre Einkünfte erhöhen?

Vielleicht können Sie Ihre Einkommensseite nicht verbessern. Aber lassen Sie sich anregen; vielleicht gibt es auf der folgenden Liste doch das eine oder andere, was Ihnen zu mehr Geld verhelfen könnte.

1. Wenn Sie Unterhaltszahlungen bekommen, überprüfen Sie, ob die Höhe noch stimmt.

2. Erkundigen Sie sich, ob Sie wirklich nach Tarif bezahlt werden. Im Einzelhandel bekommen beispielsweise sehr viele Arbeitnehmerinnen und Arbeitnehmer nicht so viel Lohn wie ihnen zusteht. Sorgen Sie für Ihre Rechte: Fragen Sie beim Betriebsrat oder bei der Gewerkschaft nach, wie hoch Ihr Gehalt sein muss.

3. Sprechen Sie mit Ihrem Arbeitgeber, ob er Ihnen zu Extra-arbeit verhelfen kann, zum Beispiel zu Schichtdiensten oder Wochenendarbeit.

    Haben Sie keinen direkten Draht zu Ihrem Chef, gehen Sie vorher zum Betriebsrat und überlegen gemeinsam, welche Möglichkeiten bestehen. Manche Arbeitnehmer bekommen von ihren Firmen auch Arbeitgeberdarlehen oder Lohn-vorschüsse.

4. Suchen Sie unter Umständen nach einem Nebenjob. Denken
    Sie daran: Selbst wenn Gläubiger, etwa durch eine eides-
    stattliche Versicherung, von solchen Nebeneinkünften er-
    fahren, können nur Teile davon gepfändet werden. Achtung:
    Vertrauen Sie bei der Jobsuche niemandem, der Ihnen erst
    Arbeit vermittelt, wenn Sie im Voraus Geld gezahlt haben!
    Auch vermeintlich lukrative »Schwarzarbeit« kann Sie in
    ernsthafte Schwierigkeiten bringen.

5. Machen Sie Ihre Steuererklärung, und zwar möglichst
    gleich nach Jahresende. Sie brauchen nicht unbedingt einen
    Steuerberater. Füllen Sie so viel aus, wie Sie können und
    gehen dann mit Ihren Fragen direkt zum Finanzamt. »Kleinen
    Leuten« helfen Finanzbeamte oft sehr gerne. Wenn Ihnen
    das nicht geheuer ist, fragen Sie bei der Kirche oder bei den
    sozialen Diensten nach, ob Ihnen jemand helfen kann.

    Vorsicht dagegen vor den »Helfern«, die Ihnen direkt Geld
    auszahlen und sich dafür Ihre Steuererstattung im Voraus
    abtreten lassen (sogenannte »Lohnsteuervorfinanzierung«).
    In Wahrheit unterschreiben Sie hierbei nämlich einen Kre-
    ditvertrag mit einer Teilzahlungsbank. Sie bekommen zwar
    sofort Bargeld, müssen aber sehr hohe Kosten für die Bear-
    beitung der Steuererklärung und die Sofortauszahlung be-
    rappen. Oft reicht dann später die erwartete Erstattung nicht
    einmal aus, um den Kredit zu tilgen, und Sie haben neue
    Schulden am Hals. Da lohnt es sich auf jeden Fall, wenn Sie
    die Steuererklärung selbst machen! Zumal Sie unter Umstän-
    den gar nicht erkennen können, wie viel Sie vom Finanzamt
    hätten bekommen müssen, weil Ihnen selbst kein Steuer-
    bescheid mehr zugeschickt wird.

6. Prüfen Sie, ob Sie Anspruch auf (weitere) Sozialleistungen
    haben. Zu Anfang ist es ungewohnt und mühselig, sich im
    Bürokratendschungel zurechtzufinden. Aber wenn Sie die
    betreffende Sozialleistung einmal beantragt haben, ist es

beim nächsten Mal schon fast Routine. Machen Sie sich zu-
nutze, dass es mittlerweile für fast jeden Bereich Ratgeber
und Broschüren gibt.

7. Lassen Sie Ihre Pfändungsfreigrenzen erhöhen. Wie das
    geht, lesen Sie ab Seite 57.

8. Vielleicht können Sie einen Teil Ihrer Wohnung untervermie-
    ten? Wenn Sie nicht auf Dauer jemanden in der Wohnung
    haben wollen, bieten Sie der nächsten Mitwohnzentrale an,
    dass Sie für kurze Zeit Mieter aufnehmen können (vorausge-
    setzt, nach Ihrem Mietvertrag ist Untervermietung zulässig).

9. Ist ein Elternteil gestorben, ohne dass Sie etwas geerbt hät-
    ten? Prüfen Sie, ob Sie Anspruch auf Ihren Pflichtteil haben.
    Den anderen Elternteil wird das nicht freuen, wenn er Sie
    ausbezahlen muss, aber möglicherweise ist Ihre Notlage
    größer als seine.

10. Wenn es noch Verwandte oder Freunde gibt, die Ihnen Geld
    leihen, bieten Sie Ihnen einen schriftlichen Vertrag an, um
    deutlich zu machen, dass Sie die Schulden wirklich zurück-
    zahlen wollen.

Aber: Wenn Sie überlegen, die Verbraucherinsolvenz zu durchlaufen, fragen Sie jetzt noch nicht nach dem letzten Cent. Es ist
gut möglich, dass Sie im Laufe des langen Verfahrens plötzlich
eine Extrasumme brauchen. Und dann ist es wirklich wichtig,
dass Ihnen noch jemand Geld leiht, damit das Ziel »Schulden-
freiheit« nicht gefährdet wird.

5. Schritt: Überlegen Sie – Wie soll Ihr Sanierungsplan aussehen?

Das Erfolgsrezept der Menschen, die ihre Schulden losgeworden sind, lautet: Mit den Gläubigern verhandeln! Auch wenn es Ihnen ausgesprochen unangenehm erscheint, mit den Gläubigern verhandeln zu müssen – Sie kommen an diesem Schritt leider nicht vorbei. Das gilt vor allem, wenn Sie an der Verbraucherinsolvenz teilnehmen wollen. Wenn Sie keinen Sanierungsplan erstellt haben und keine ernsthaften Verhandlungen nachweisen können, lässt das Gericht Sie nicht zum Verfahren zu.

4

Vor den Verhandlungen ist eines aber ganz wichtig: Dass Sie sich vorbereiten und einen Plan für Ihre »Sanierung« entwerfen.

Wenn Sie zum Beispiel schwer krank oder arbeitsunfähig sind beziehungsweise von einer kleinen Rente leben, müssen Sie sich keine großen Sorgen mehr machen: Vermutlich werden Sie mit Ihrem Einkommen nie mehr über den Pfändungsfreigrenzen liegen. Selbst wenn Sie ab und zu ein höheres Einkommen haben sollten, informieren Sie Ihre Gläubiger – am besten schriftlich – über Ihre Lebensumstände. Wissen diese, dass sie vermutlich niemals mehr bei Ihnen einen größeren Betrag werden pfänden können, verzichten sie möglicherweise auf die Forderung. Das lohnt sich unter Umständen für die Gläubiger, weil sie den Ausfall dann von der Steuer abschreiben können und außerdem keine Kosten mehr entstehen, um die Forderung zu überwachen.

Sie müssen **keinen** Sanierungsplan entwerfen,
⋯⟩ **wenn Sie nur für einige Zeit nicht zahlen können.** Schreiben Sie einfach Ihren Gläubigern, warum Sie gerade knapp bei Kasse sind. Legen Sie einen Beleg dafür bei und bitten Sie um Stundung. Fragen Sie aber unbedingt nach, wie viel Kosten Ihnen dafür in Rechnung gestellt werden. Stundungen sind oft sehr teuer.

⋯⋯> **wenn Sie nur vorübergehend die Vollstreckung abwehren wollen.** Viele Schuldner haben die Erfahrung gemacht, dass es oft schon hilft, die Gläubiger über die Gesamtverschuldung zu informieren. Wichtig ist solch ein Brief auch, damit Ihr Schuldenberg nicht noch größer wird. Wenn die Gläubiger wissen, dass bei Ihnen nichts zu holen ist, müssen diese nach §§ 788 und 91 Zivilprozessordnung die Kosten für erfolglose Vollstreckungen selbst tragen.

Schreiben Sie auch dann an Ihren Gläubiger, wenn Sie an Ihrer Arbeitsstelle Probleme wegen einer Lohnpfändung bekommen. Ihr Gläubiger wird sicher nicht wollen, dass Sie Ihre Arbeit verlieren. Aber passen Sie auf, dass Sie ihm nicht aus Versehen Namen und Anschrift Ihrer Arbeitsstelle nennen.

Tipps für den Umgang mit Behörden

Wenn Sie meinen, dass eine Behörde zu Unrecht Geld von Ihnen verlangt, können Sie oft mit einem Widerspruch viel erreichen.

Ein Tipp: Telefonieren Sie mit demjenigen, dessen Durchwahl rechts oben auf dem Bescheid steht. Besprechen Sie das Problem mit ihr oder ihm. Fragen Sie zum einen, ob Ihnen durch einen Widerspruch zusätzliche Kosten entstehen können. Fragen Sie zum anderen auch, wie Sie Ihre Begründung formulieren sollen. Manchmal kommt es nämlich darauf an, dass Sie ganz bestimmte Stichworte in Ihrem Widerspruch benutzen – viele Sachbearbeiter helfen dabei und verraten Ihnen vorher, auf welches Stichwort es ankommt.

Wichtig ist, dass Sie den Widerspruch rechtzeitig – innerhalb eines Monats, nachdem Sie den Bescheid bekommen haben – zur Behörde schicken. Alle anderen Möglichkeiten, Ihre Schulden zu reduzieren, können Sie mit einem formlosen Brief beantragen. Wenn Sie erst vor kurzer Zeit den Bescheid erhalten haben, sollten Sie den Antrag am besten noch mit einem Widerspruch kombinieren.

Sie können Ratenzahlung oder Stundung beantragen. Sie müssen aber immer nachweisen, warum Sie so wenig Geld haben. Und Sie müssen belegen, dass Sie Ihre Raten aufbringen oder dass Sie ab einem bestimmten Zeitpunkt wieder zahlen können (zum Beispiel durch eine Kopie Ihres neuen Arbeitsvertrags). Oder Sie beantragen die Niederschlagung – dass die Pfändung für eine Weile gestoppt wird. Sie können auch beantragen, dass die Schuld in einem sogenannten Vergleich reduziert oder dass sie sogar ganz erlassen wird! Ein Erlass ist nicht einfach zu erreichen, und Sie müssen ausführlich schildern, dass in Ihrer schwierigen Situation auf Dauer keine Verbesserung zu erwarten ist (zum Beispiel weil Sie chronisch krank sind).

So bereiten Sie sich für die Sanierung vor:
- ⋯⟩ **Kalkulieren Sie:** Was haben Sie übrig?
- ⋯⟩ **Überlegen Sie:** Was hat Ihr Gläubiger für Interessen?
- ⋯⟩ **Planen Sie:** Was wollen Sie anbieten?
- ⋯⟩ **Überlegen Sie:** Wie gehen Sie vor?
- ⋯⟩ **Suchen Sie:** Wer hilft Ihnen?

Kalkulieren Sie, wie viel Sie für die Schuldentilgung entbehren können
Überlegen Sie anhand Ihres Haushaltsbuchs, was Sie in der Vergangenheit gerade noch so übrig hatten – und bleiben Sie möglichst realistisch.

Überlegen Sie, was Ihr Gläubiger wohl für Interessen hat
Was für Gedanken wird er sich machen? Er wird natürlich überlegen, welche Chancen er noch hat, an sein Geld zu kommen. Hat er Sicherheiten? Bürgt jemand für Sie? Wenn es um Schulden aus einem Hausbau geht – ist der Gläubiger im Grundbuch eingetragen? Wenn er erst an letzter Stelle steht, wird er sicherlich froh sein, überhaupt noch etwas Geld zu bekommen. Ist er dagegen »erstrangiger« Gläubiger, wird er zu wenig Kompromissen bereit sein.

Außerdem wird er überlegen, wie alt Sie sind, welche Ausbildung Sie haben, ob Sie alleinstehend sind und ob Sie die langwierige Verbraucherinsolvenz überhaupt durchhalten werden.

Bloß nicht nach dem Gießkannen-Prinzip zahlen!

Auch wenn der Gläubiger versucht, Sie mit allen Mitteln, also zum Beispiel durch Inkassounternehmen, unter Druck zu setzen: Bleiben Sie standhaft und zahlen Sie nicht irgendeine Summe, nur damit Sie Ihre Ruhe haben!! Das haben schon viele Schuldner falsch gemacht. Sie wussten nicht, dass es eine ganz wichtige Faustregel gibt:

Wichtig!

Je weniger Hoffnungen sich ein Gläubiger macht, noch an sein Geld zu kommen, umso eher wird er seinem Schuldner entgegenkommen!

Wenn er die ganze Zeit schon bei Ihnen pfändet oder Raten bekommt, wird er nur ungern auf einen Teil seiner Forderungen verzichten. Sagen Sie ihm also klar und deutlich, wenn bei Ihnen nichts zu holen ist. Kommen Sie Ihren Gläubigern auch nicht zu früh und ohne schriftliche Vereinbarung entgegen. Große Anstrengungen beim Abbezahlen werden in der Regel nicht belohnt! Im Gegenteil: Ihr Gläubiger wird nur auf die Idee gebracht, dass bei Ihnen noch mehr zu holen ist.

Die Regel, dass sich Pokern lohnt, gilt selbst für Inkassobüros. Wenn sich die Schuldentilgung schon lange hinzieht, werden auch die Profi-Eintreiber verhandlungsbereit. Bei älteren Forderungen kommt eines hinzu: Diese haben die Inkassobüros häufig dem ursprünglichen Gläubiger für zehn bis 15 Prozent des Wertes abgekauft. Das heißt: Zahlen Sie dann zum Beispiel nur noch 40 Prozent Ihrer ursprünglichen Schuld, macht das Büro möglicherweise trotzdem 250 bis 300 Prozent Gewinn.

Überlegen Sie, was Sie Ihren Gläubigern anbieten wollen

Auch wenn Sie »alles wiedergutmachen wollen«, rücken Sie nicht gleich Ihren letzten Cent heraus! Bleiben Sie realistisch: Sie brauchen auf jeden Fall eine Reserve für Notzeiten. Es wird oft nur noch schlimmer, wenn Schuldner erst viel versprechen und später die Versprechen nicht halten können.

Vielleicht brauchen Sie bei den Verhandlungen auch noch einen Spielraum für die störrischen Gläubiger. Wenn Sie gleich zu Anfang alles weggeben, können Sie Ihr Angebot nicht mehr erhöhen.

4

Die gute Nachricht: Für die außergerichtlichen Pläne gibt es keine zwingenden Vorschriften. Sie dürfen den Plan grundsätzlich so gestalten, wie Sie das wollen. Sie können in dem Plan vorsehen, dass Schulden ganz erlassen werden. Sie können aber auch vorschlagen, Schulden vollständig zu bezahlen. Sogar ein »Null-Plan« ist erlaubt für den Fall, dass Sie überhaupt nichts anbieten können.

 Wichtig!

Auch wenn Sie sich nicht ganz von einer Schuldnerberatungsstelle betreuen lassen wollen oder können – Kurzauskünfte insbesondere über Verhandlungsstrategien geben die Mitarbeiter der Beratungsstellen dort meist gern.

Außerdem gilt: Sie müssen die Gläubiger nicht alle gleich behandeln, wenn es gute Gründe dafür gibt, Unterschiede zu machen. Manchmal ist es zum Beispiel drängender, Stromschulden zu begleichen, anstatt die Forderungen eines Versandhauses abzuzahlen. Sie dürfen nur nicht so tun, als würden alle gleich behandelt.

Bei Ihren Vorschlägen können Sie sich daran orientieren, was Ihre Gläubiger in der Verbraucherinsolvenz erhalten würden.

Bieten Sie ihnen eine ähnliche Summe an. Rechnen Sie also aus, was Sie in rund sechs Jahren abführen könnten. Das heißt, Sie müssen anhand der Pfändungstabelle zusammenrechnen:

> Wie viel wäre pfändbar? Wie viel müssten Sie also abführen?
> Wie viel von Ihrem Weihnachtsgeld bekämen die Gläubiger in dieser Zeit? (siehe Seite 155)
> Was ginge von diesem Geld zunächst für die Gerichtsgebühren und den Treuhänder ab? (Rechnen Sie »über den Daumen« mit 1.500 Euro plus etwa sechs Prozent dessen, was Sie jährlich abführen müssen.)
> Wenn Sie Lohnabtretungen unterschrieben haben, prüfen Sie, ob der jeweilige Gläubiger vorrangig Geld bekommen muss.
> Kalkulieren Sie mit ein, dass manche Gläubiger aufrechnen (das heißt verrechnen) können. Beispiel: Sie haben während der Laufzeit des Plans Anspruch darauf, vom Finanzamt Geld zurückzubekommen. Das Finanzamt verrechnet dieses Geld aber mit Steuerforderungen, die es noch gegen Sie hat.

Ihr Plan sollte auch deswegen etwa so aussehen wie ein Plan in der Verbraucherinsolvenz, damit Sie sich Arbeit sparen: Vielleicht durchlaufen Sie noch das gerichtliche Verfahren und müssen da wieder einen solchen Plan vorlegen.

Achten Sie deswegen auch darauf, dass Ihr außergerichtlicher Plan die Gläubiger nicht schlechter stellt, als wenn Sie die Verbraucherinsolvenz durchlaufen. Denn sonst taugt der später nichts, falls Sie am gerichtlichen Verfahren teilnehmen. Sollte ein Gläubiger, der in der Minderheit ist, den Plan im Schuldenbereinigungsverfahren ablehnen, weil er damit benachteiligt würde, darf der Richter dessen fehlende Zustimmung nicht ersetzen.

Sie können auch überlegen, die Zahlung über einen außergerichtlichen Treuhänder (einen unparteiischen Dritten, etwa einen

Rechtsanwalt oder eine Notarin) abzuwickeln, wenn damit die Sache den Gläubigern erleichtert oder zumindest schmackhaft gemacht wird. Das empfiehlt sich insbesondere dann, wenn während der Laufzeit die Quoten der einzelnen Gläubiger neu festgesetzt werden müssen, weil noch irgendein Posten unklar ist. Die unparteiische Person kann dann die neuen Quoten bestimmen. Allerdings sollten Sie daran denken, dass dieser außergerichtliche Treuhänder auch eine Vergütung bekommen muss. Möglich ist zum Beispiel in dem Plan festzulegen, dass der Treuhänder pro Jahr 5,95 Prozent von der verwalteten Summe – bei Verteilung an mehr als fünf Gläubiger zuzüglich 59,50 Euro je weitere fünf Gläubiger – zuzüglich Auslagen, das sind zum Beispiel die Kosten der Überweisungen plus die Mehrwertsteuer hierauf, bekommt. Aber selbst wenn überhaupt nichts oder wenig eingesammelt und verteilt wird, bekommt der Treuhänder mindestens 119 Euro. Im Verfahren können diese Beträge ebenfalls auf Antrag gestundet werden.

Beispiel

●●●

Ursula Klug hat fünf Gläubiger und schuldet ihnen je 5.000 Euro. Sie verdient 1.290 Euro im Monat. Da sie keine Unterhaltspflichten hat, sind 182,78 Euro im Monat pfändbar.

Ursula Klug geht für die Berechnung ihres Verhandlungsangebots davon aus, dass ihre Lebenssituation in den nächsten Jahren gleich bleibt. In der Verbraucherinsolvenz würde jeder Gläubiger maximal ein Fünftel des pfändbaren Betrages erhalten (182,78 Euro : 5 = 36,56 Euro im Monat = 438,72 Euro im Jahr = 2.632,32 Euro in den sechs Jahren des Insolvenzverfahrens und der Wohlverhaltenszeit). Im Verfahren würden vorher die Kosten für das Gericht und den Treuhänder abgezogen. Bliebe alles unverändert, so bekämen alle Gläubiger also rund 2.200 Euro.

Das heißt, wenn Ursula Klug jedem Gläubiger 2.800 Euro anbietet, ist das für diese schon ein gutes »Geschäft«.

Wenn Sie danach errechnet haben, was Ihr Gläubiger im Ernstfall überhaupt bekommen würde, stellen Sie einen Plan auf.

Die richtige Strategie

Feste oder flexible Raten?

Wenn Sie einen Plan entwerfen, können Sie vorschlagen, pro Monat einen festen Betrag zu bezahlen oder flexible Beträge vereinbaren. Sie können natürlich auch eine Umschuldung vorschlagen; das heißt, dass Sie auf einen Schlag alles abbezahlen – und dafür aber aus anderer Quelle Geld brauchen.

Für den festen Plan können Sie sich entscheiden, wenn Sie ganz sicher sind, dass Sie über die Laufzeit des Plans ein ganz bestimmtes Einkommen haben. Und wenn Sie meinen, dass Sie in der nächsten Zukunft eher mehr als weniger verdienen werden. Denn bei der Aussicht auf eine Gehaltserhöhung ist es beruhigend zu wissen, dass Sie den Zusatz behalten dürfen.

Aber Achtung: Ein fester Plan hat einen entscheidenden Nachteil. Er kann nicht die zweijährige Anpassung der Pfändungsfreigrenzen berücksichtigen! Wenn also im dritten Jahr der pfändbare Betrag niedriger liegt als vorgesehen, weil die offiziellen Freibetragsgrenzen entsprechend den Steuerfreibeträgen angehoben werden, kann das für Sie sehr ungünstig sein. Denn dann müssen Sie möglicherweise in den Folgejahren erhebliche Beträge abführen, die eigentlich unpfändbar wären.

Kalkulieren Sie auch ein, dass über einen Zeitraum von mehreren Jahren im Leben der meisten Menschen unvorhergesehene Dinge geschehen. Und dann ist es wichtig, dass Sie nicht unter Druck geraten. In den meisten Fällen raten Schuldnerberater deshalb von festen Plänen ab und empfehlen, flexible Raten – also Raten in Form einer Quote (eines Prozentsatzes) vom pfändbaren Teil des Einkommens – festzulegen. Wenn Sie plötzlich Ihre Stelle verlieren, müssen Sie dann entsprechend weniger oder gar nichts mehr zahlen.

Möglich, aber bei Gläubigern nicht besonders beliebt sind
Pläne, die Ihnen noch mehr Spielraum lassen – zum Beispiel
für den Fall, dass die Miete erhöht oder das Geld aus anderen
Gründen knapp wird. Sie vereinbaren mit Ihrem Gläubiger, dass
Sie dann eine Bescheinigung des Job-Centers bzw. Sozialamts
vorlegen, aus der hervorgeht, wie viel Sie unbedingt zum Leben
brauchen. Das heißt, der Gläubiger kann dann nur noch das verlangen, was über dieser Grenze liegt.

Sie können natürlich auch vorschlagen, dass Sie nur einen Teil
des Jahres Ihre Raten abbezahlen. Wenn Sie Kinder haben,
möchten Sie vielleicht im Dezember nichts überweisen, damit
Sie etwas für Geschenke übrig behalten.

Letztlich kommt es auf Ihre Phantasie an, was Sie vorschlagen:
Vielleicht ist sogar der wichtigste (»erstrangige«) Gläubiger
bereit, in Zukunft weniger überwiesen zu bekommen, sodass
andere auch noch einen Teil erhalten können, wenn Sie ihm
dafür einen verbindlichen Abzahlungsplan vorlegen. Sie können
ihm auch vorschlagen, dass er für einen kurzen Zeitraum nichts
bekommt, in dem Sie kleinere Schulden tilgen. Dafür hat er später die Sicherheit, dass Sie sich voll auf ihn konzentrieren. Den
Gläubiger interessiert nämlich vor allem, was unterm Strich für
ihn herauskommt.

Wenn Sie einen Plan entwerfen, ist ebenfalls wichtig, dass alle
Ihre Gläubiger damit einverstanden sind. Sie sollten also unbe-
dingt in jede Abmachung mit einem einzelnen Gläubiger einen
Satz einfügen, dass dieser Plan nur für den Fall gilt, dass alle
Gläubiger zugestimmt haben.

In dem Plan für das Gericht müssen sie angeben, ob die Gläubiger ihre Forderungen irgendwie abgesichert haben – ob eine andere Person bürgt, ob die Bank eine Hypothek oder Grundschuld
hat eintragen lassen usw. Sie müssen ausdrücklich erwähnen,
was mit diesen Sicherheiten geschehen soll – ob also auch der

Bürge weniger zahlen soll. Stellen Sie klar, dass die Sicherheiten nur in Höhe des jeweiligen Betrags bestehen bleiben sollen, den Sie noch nicht abgezahlt haben.

Stoppen Sie die Zinsen!

Für viele Menschen sind die Zinsen das eigentlich Unheimliche, weil sich die Schuld dadurch immer weiter vergrößert. Besprechen Sie daher unbedingt das Thema Zinsen mit Ihrem Gläubiger. Denn will ein Gläubiger auf keinen Fall auf einen Teil seiner Hauptforderung verzichten, ist er aber vielleicht zum sofortigen Zinsstopp bereit. Oder lässt sich jedenfalls darauf ein, die Zinsen rückwirkend zu reduzieren, wenn er erste Raten für die Hauptsumme bekommen hat. Erfahrungsgemäß sind die Zinsen für die Gläubiger in den Verhandlungen Manövriermasse. Das heißt, hier sind sie am ehesten zu Zugeständnissen bereit. Nutzen Sie das aus!

Denken Sie im Übrigen daran zu vereinbaren, dass der Gläubiger Ihnen mitteilen muss, wenn Sie die Schuld abbezahlt haben. Er sollte Ihnen auch bescheinigen, dass er Ihren Ehepartner (Mitschuldner/Bürgen) genauso wie Sie aus der Haftung entlässt.

Der Gläubiger sollte sich auch dazu verpflichten, Ihnen dann den Titel (also den Vollstreckungsbescheid oder die jeweilige Urkunde, mit der er den Gerichtsvollzieher losschicken kann) auszuhändigen, damit Sie später Sicherheit haben. Außerdem müssen Sie unbedingt darauf bestehen, dass er eine Erledigungsmeldung bei der SCHUFA abgibt und Ihnen eine sogenannte Löschungsbewilligung für das Schuldnerverzeichnis unterschreibt. Damit stellen Sie sicher, dass der Eintrag über Sie gelöscht wird, wenn Sie eine eidesstattliche Versicherung abgegeben haben sollten. Übrigens: Manche Gläubiger verlangen im Sanierungsplan eine Klausel, wonach die Schulden wieder in voller Höhe gezahlt werden müssen, falls Sie mit den Zahlungen ins Hintertreffen geraten. Versuchen Sie, diese Klausel abzuwenden und sichern Sie unbedingt Teilerfolge ab, falls während der Laufzeit des Plans etwas schiefgehen sollte. Eine Formulierung könnte lauten: »Nach der Hälfte der Laufzeit erlischt die Hälfte der Forderung, auch wenn es danach zu einem berechtigten Widerruf der Vereinbarung kommen sollte.«

Ist eine Umschuldung sinnvoll?

Wenn Sie Geld organisieren können, um umzuschulden, haben Sie in den Verhandlungen einen großen Vorteil: Es ist für einen Gläubiger ein sehr verlockendes Angebot, auf einen Schlag Geld zu bekommen. Dafür wird er Ihnen sicher weiter entgegenkommen. Aber Achtung: Ein neuer Kredit bedeutet fast immer mehr Kosten (höhere Zinsen, Gebühren, eventuell Versicherungsprämie).

Nehmen Sie die Umschuldungsangebote genau unter die Lupe: Lassen Sie sich zum Beispiel nicht von kleinen Monatsraten blenden. Sehen Sie sich immer die Gesamtkosten an!

Im effektiven Jahreszins sind fast alle Kosten – einschließlich der Bearbeitungsgebühren – auf die gesamte Laufzeit umgelegt. Deshalb ist dieser Zins allein der Gradmesser dafür, wie teuer ein Kredit ist. Als weitere Information brauchen Sie noch die monatliche Belastung sowie die Gesamtsumme, die für den Kredit zu zahlen ist. Nur diese sogenannten Gesamtkreditkosten sind eine aussagekräftige Grundlage, nach der Sie entscheiden können.

Empfehlenswert ist eine Umschuldung nur dann, wenn Sie von einer sehr teuren zu einer sehr viel günstigeren Bank oder Sparkasse wechseln. Aber auch hier sollten Sie sich vorher genau ausrechnen lassen, ob die Umschuldung tatsächlich Kosten spart. Auch kann selbst eine günstige Umschuldung nur dann Ihr Schuldenproblem lösen, wenn Sie die neue geringere Rate mit Sicherheit dauerhaft zahlen können. Beachten Sie, dass der Kredit bei der alten Bank nur unter Einhaltung der vertraglich festgelegten, höchstens aber innerhalb der gesetzlichen Frist gekündigt werden kann. Bei Verbraucherdarlehen, die nach dem 11. Juni 2010 abgeschlossen worden sind, ist zwar eine einfachere vorzeitige Ablösung möglich, hierfür wird aber in der Regel von der Bank eine Vorfälligkeitsentschädigung berechnet. Außerdem werden Ihnen voraussichtlich erneut Bearbeitungsgebühren für den Umschuldungskredit in Rechnung gestellt.

 Wichtig!

Ob solche Bearbeitungsgebühren überhaupt zulässig sind, beschäftigt im Moment die Gerichte. Eine endgültige Klärung durch den Bundesgerichtshof wird voraussichtlich bis Ende 2012 erwartet. Wird Ihnen ein Kredit mit Bearbeitungsgebühr angeboten, erkundigen Sie sich vor Abschluss bei Ihrer Verbraucherzentrale nach dem aktuellen Stand des Gerichtsverfahrens.

Eine Umschuldung ist auch deshalb oft problematisch, weil mit dem Kredit eine Restschuldversicherung abgeschlossen wurde. Bei der Umschuldung müssen Sie dann oftmals eine neue Versicherung abschließen – von der alten wird Ihnen jedoch nur ein geringer Teil erstattet.

Auf jeden Fall ist es für Sie billiger, sich das Geld für eine Umschuldung von Freunden oder Verwandten zu leihen. Das hat den Vorteil, dass Sie vermutlich nicht so hohe Nebenkosten bezahlen müssen. Auf der anderen Seite stehen Sie damit vielleicht unter stärkerem moralischen Druck.

Was tun Sie, wenn Sie Ihren Gläubigern nichts anbieten können?

Verhandeln müssen Sie auf jeden Fall mit Ihren Gläubigern, damit Sie an der Verbraucherinsolvenz teilnehmen können. Fragt sich nur, was Sie in den Sanierungsplan reinschreiben sollen, wenn doch nichts da ist? Nennen Sie keine festen Zahlen. Bieten Sie im Plan Quoten Ihres pfändbaren Einkommens an (zum Beispiel »40 Prozent des jeweils pfändbaren Gehalts«). Außerdem sollten Sie sich schriftlich verpflichten, sich um jede zumutbare

Arbeit zu bemühen. Vielleicht bekommen Sie ja doch noch irgendwann eine gut bezahlte Stelle.

Beispiele für Sanierungspläne
Wichtig: Um die Beispiele zu vereinfachen, wurden die Verfahrenskosten in den Sanierungsplänen nicht berücksichtigt.

Frederik Gudat hat bei sechs Gläubigern Schulden:

1.	Reibach-Bank	10.000 Euro
	(älteste gültige Lohnabtretung)	
2.	Schuldnerplage GmbH	6.000 Euro
3.	Autohaus K.	3.750 Euro
4.	Bestell-Traum	2.400 Euro
5.	Zaster-Bank	2.250 Euro
6.	Wohnbau AG	600 Euro
	gesamt:	25.000 Euro

Frederik Gudat verdient netto 1.950 Euro im Monat. Zusammen mit seiner Frau Nora hat er zwei Kinder im Alter von vier und sechs Jahren. Nora Gudat hat kein eigenes Einkommen.

Im Monat sind nach der Pfändungstabelle 30,73 Euro pfändbar. Dazu kommt jährlich im Dezember das Weihnachtsgeld (Nettoeinkommen im Dezember 3.740 Euro). Von diesem Nettoeinkommen ist der Weihnachtsgeldfreibetrag von 500 Euro abzuziehen. Bei einem Restbetrag von 3.240 Euro sind im Dezember daher noch 476,58 Euro pfändbar (476,58 Euro minus 30,73 Euro regelmäßiger Monatsbetrag ergibt also im Dezember einen zusätzlich pfändbaren Betrag in Höhe von 445,85 Euro).

Im Folgenden finden Sie einige Musterbriefe und Sanierungspläne, die Frederik Gudat seinen Gläubigern anbieten kann. Die Sanierungspläne gehen von folgenden Voraussetzungen aus:
····⟩ Sollten die Sanierungsverhandlungen scheitern, stellt Frederik Gudat am 1. Januar 2012 den Antrag auf Eröffnung des

Insolvenzverfahrens. Am 1. Juli 2012 würde das Insolvenzverfahren eröffnet.

---> Vom 1. Januar 2013 bis zum 30. Juni 2018 liefe die Wohlverhaltensperiode.

---> Bis zur Eröffnung des Insolvenzverfahrens am 1. Juli 2012 ist
die Lohnabtretung an den ersten Gläubiger weiter gültig. Ab
diesem Zeitpunkt hat der erste Gläubiger wegen der Abtretung weiter Vorrang; allerdings nur für zwei Jahre. Das muss
Frederik Gudat in seinen Plänen berücksichtigen.

1. Feste Raten

Sollte Frederik Gudat wissen, dass er auf längere Sicht feste
Raten zahlen kann, zum Beispiel, weil er eine krisenfeste Stelle
hat, kann er darauf seine Pläne aufbauen.

Er muss dazu einen speziellen Brief an seinen erstrangigen
Gläubiger schicken, weil dieser eine Lohnabtretung bekommen
hat (Musterbrief Nr. 1, Seite 158). Die restlichen Gläubiger
bekommen einen etwas anders formulierten Brief (Musterbrief
Nr. 2, Seite 160). Für alle gilt Sanierungsplan A.

Falls Sie einen Gläubiger haben, an den Sie Ihr pfändbares Gehalt abgetreten haben, denken Sie auf jeden Fall darüber nach,
ob sich für Sie ein Abtretungsausschluss mit Ihrem Arbeitgeber
lohnt (siehe Seite 37).

Sanierungsplan A
Feste Raten:

Gläubiger	Forderung	Quote	Vorschlag	erhält	Rate	gesamt
1. R	10.000 €	40%	1.12.11 – 30.6.2012	monatl.	30,73 €	215,11 €
			sowie im Dez. wegen des Weihnachtsgeldes zusätzlich	2011		445,85 €
			1.7.2012 – 30.6.2014	monatl.	30,73 €	737,52 €
			sowie im Dez. wegen des Weihnachtsgeldes zusätzlich	2012		445,85 €
				2013		445,85 €
			1.7.2014 – 30.6.2018	monatl.	12,29 €	589,92 €
			sowie im Dez. wegen des Weihnachtsgeldes zusätzlich	1x jährlich	178,34 €	713,36 €
2. S	6.000 €	24%	1.7.2014 – 30.6.2018	monatl.	7,36 €	353,28 €
			sowie im Dez. wegen des Weihnachtsgeldes zusätzlich	1x jährlich	107,00 €	428,00 €
3. K.	3.750 €	15%	1.7.2014 – 30.6.2018	monatl.	4,61 €	221,28 €
			sowie im Dez. wegen des Weihnachtsgeldes zusätzlich	1x jährlich	66,88 €	267,52 €
4. B.	2.400 €	9,6%	1.7.2014 – 30.6.2018	monatl.	2,95 €	141,60 €
			sowie im Dez. wegen des Weihnachtsgeldes zusätzlich	1x jährlich	42,80 €	171,20 €
5. Z.	2.250 €	9%	1.7.2014 – 30.6.2018	monatl.	2,77 €	132,96 €
			sowie im Dez. wegen des Weihnachtsgeldes zusätzlich	1x jährlich	40,13 €	160,52 €
6. W.	600 €	2,4%	1.7.2014 – 30.6.2018	monatl.	0,74 €	35,52 €
			sowie im Dez. wegen des Weihnachtsgeldes zusätzlich	1x jährlich	10,70 €	42,80 €

4

Musterbrief Nr. 1: An einen Gläubiger, der eine Lohnabtretung bekommen hat

Ihre Forderungen
Aktenzeichen ...

... hiermit teile ich Ihnen mit, dass ich leider längerfristig nicht in der Lage sein werde, den von Ihnen gekündigten Kredit vollständig zurückzuzahlen.

Ich habe Schulden von insgesamt 25.000 Euro bei sechs Gläubigern und ein Nettoeinkommen von 1.950 Euro. Außerdem bin ich gegenüber meiner Frau und meinen beiden Kindern im Alter von vier und sechs Jahren unterhaltspflichtig. Meine Frau hat kein eigenes Einkommen. Monatlich sind nach der Pfändungstabelle 30,73 Euro pfändbar. Pfändbares Vermögen ist nicht vorhanden.

Angesichts der Überschuldung plane ich, die Verbraucherinsolvenz zu beantragen. Ich würde mich aber gerne vorher mit Ihnen außergerichtlich auf der Basis des beigefügten Sanierungsplans einigen.

Dabei habe ich berücksichtigt, dass Ihre Forderung auf Grund der Lohnabtretung vorrangig zu bedienen ist. Ich gehe davon aus, dass das Insolvenzverfahren vermutlich am 1.7.2012 und dass die Wohlverhaltensperiode am 1.1.2013 beginnen wird.

Ich schlage daher folgende Regelung zur endgültigen Erledigung Ihrer Forderung vor: Bis zum 1.7.2012 erhalten Sie das, was Ihnen auf Grund der Lohnabtretung zusteht.

Da dann das Insolvenzverfahren beginnen könnte, biete ich Ihnen vom 1.7.2012 bis zum 30.6.2014 monatlich 30,73 Euro an.

Darüber hinaus erhalten Sie 2012 und 2013 jeweils im Dezember den wegen des Weihnachtsgeldes zusätzlich pfändbaren Lohnteil in Höhe von 445,85 Euro. In den dann folgenden vier Jahren (bis 30.6.2018) bekommen Sie von mir entsprechend Ihrer Quote monatlich 12,29 Euro sowie jeweils im Dezember zu-

sätzlich den auf Grund des Weihnachtsgeldes pfändbaren Mehrbetrag in Höhe von 178,34 Euro. Für mich ist dabei wichtig, dass Sie sich verpflichten, während der Laufzeit dieses Vergleichs keine Zwangsvollstreckungsmaßnahmen gegen mich durchzuführen und auch nicht aus der Lohnabtretung vorzugehen. Ich bin bereit, Ihnen ein Kündigungsrecht einzuräumen für den Fall, dass ich mit mindestens zwei vollen Raten im Verzug sein sollte.

Die Zahlungen erfolgen jeweils am 15. eines Monats. Rechtliche Einwände gegen Ihre Forderung bleiben ausdrücklich vorbehalten. Ein während der Laufzeit anfallendes Erbe werde ich zur Hälfte des Nettoertrags an alle Gläubiger anteilig auszahlen.

Nach Erfüllung des Plans erlöschen in jedem Fall Ihre Ansprüche. Ich möchte Sie schon jetzt darum bitten, mir am Ende der Laufzeit die Erfüllung zu bestätigen und den Schuldtitel zu übersenden sowie bei der SCHUFA eine Erledigungsmeldung abzugeben. Außerdem benötige ich dann eine Löschungsbewilligung für das Schuldnerverzeichnis beim Amtsgericht Köln und eine Bestätigung, dass Sie meine Ehefrau Nora Gudat aus der Haftung entlassen.*

Bitte teilen Sie mir bis zum 1.11.2011 mit, ob Sie mit diesem Plan einverstanden sind. Außerdem bitte ich Sie zu berücksichtigen, dass dieser Plan nur unter der Voraussetzung gelten kann, dass alle Gläubiger zustimmen. Die Laufzeit beginnt einen Monat nach Zustimmung aller Gläubiger.

Anlage: Sanierungsplan

* Eine Löschungsbewilligung für das Schuldnerverzeichnis brauchen Sie natürlich nur, wenn Sie eine eidesstattliche Versicherung abgegeben haben. Und die Ehefrau muss natürlich auch nur erwähnt werden, wenn Sie mit unterschrieben hat.

Erläuterung siehe Folgeseite

Musterbrief Nr. 2: An einen der anderen Gläubiger *

... Dabei habe ich berücksichtigt, dass ein Gläubiger auf Grund der Lohnabtretung vorrangig zu bedienen ist. Ich gehe davon aus, dass das Insolvenzverfahren vermutlich am 1.7.2012 und dass die Wohlverhaltensperiode am 1.1.2013 beginnen wird.

Ich schlage daher folgende Regelung zur endgültigen Erledigung Ihrer Forderung vor: Sie erhalten von mir ab dem 1.7.2014 bis zum 30.6.2018 entsprechend Ihrer Quoten** monatlich 7,36 Euro, darüber hinaus jeweils im Dezember den wegen des Weihnachtsgeldes erhöhten pfändbaren Mehrbetrag in Höhe von 107 Euro. Für mich ist dabei wichtig, dass Sie [sich bereit erklären, laufende Lohn- und Kontopfändungen ruhend zu stellen und]*** sich verpflichten, während der Laufzeit dieses Vergleichs keine Zwangsvollstreckungsmaßnahmen gegen mich durchzuführen. Ich bin bereit, Ihnen ein Kündigungsrecht einzuräumen für den Fall, dass ich mit mindestens zwei vollen Raten im Verzug sein sollte.

*   Dieser Brief entspricht am Anfang und am Ende Musterbrief 1. Übernehmen Sie die dort mit der gepunkteten Linie ● ● ● markierten Teile und ändern Sie nur den Mittelteil entsprechend.

**   Die Beträge müssen natürlich je Gläubiger angepasst werden.

*** Soweit der Gläubiger derzeit bei Ihnen vollstreckt.

Vorzeitige Ablösung von Kleingläubigern

Sollte Frederik Gudat zum Beispiel von Verwandten auf einen
Schlag eine größere Summe bekommen, kann er diese dazu
benutzen, die kleineren Gläubiger am Ende der Liste möglichst
schnell loszuwerden. An diese Gläubiger kann er Brief Nr. 3 zusammen mit Sanierungsplan B schicken (auch für Umschuldun-
gen zu benutzen).

Musterbrief Nr. 3: An den Kleingläubiger *

*... Dabei habe ich berücksichtigt, dass ein Gläubiger auf Grund der Lohnabtre-
tung vorrangig zu bedienen ist. Ich gehe davon aus, dass das Insolvenzverfahren vermutlich am 1.7.2012 und dass eine etwaige Wohlverhaltensperiode am
1.1.2013 beginnen würde.*

*Im Rahmen des Verbraucherinsolvenzverfahrens würden Sie angesichts der vor-
rangigen Lohnabtretung erst ab dem 1.7.2014 Zahlungen bekommen. Ich kann
jedoch von einer Verwandten eine einmalige Unterstützungszahlung in Höhe von
237 Euro erhalten. Außerdem bin ich daran interessiert, kleinere Schulden möglichst vorab zu tilgen. Daher schlage ich vor, dass Sie zur endgültigen Erledigung
Ihrer Forderung von mir am 1.1.2012 eine einmalige Zahlung von 237 Euro erhalten. Sollten Sie diesen Betrag akzeptieren und auf weitere Forderungen schriftlich
verzichten, werde ich den genannten Betrag sofort nach Annahme des Vergleichs
durch alle Gläubiger überweisen.*

*   Vorzeitige Ablösung von Kleingläubigern, auch für Umschuldung nutzbar.
Dieser Brief entspricht am Anfang und am Ende Musterbrief 1. Übernehmen
Sie die dort mit der gepunkteten Linie ● ● ● markierten Teile und ändern Sie
nur den Mittelteil entsprechend.

Sanierungsplan B
Feste Raten mit vorzeitiger Tilgung der Schulden bei Gläubigern
Nr. 5 und 6 mit Hilfe von Verwandten:

Gläubiger	Forderung	Quote	Vorschlag	erhält	Rate	gesamt
1. R.	10.000 €	40%	1.12.2011 – 30.6.2012	monatl.	30,73 €	215,11 €
			sowie im Dez. wegen des Weihnachtsgeldes zusätzlich	2011		445,85 €
			1.7.2012 – 30.6.2014	monatl.	30,73 €	737,52 €
			sowie im Dez. wegen des Weihnachtsgeldes zusätzlich	2012		445,85 €
				2013		445,85 €
			1.7.2014 – 30.6.2018	monatl.	12,29 €	589,92 €
			sowie im Dez. wegen des Weihnachtsgeldes zusätzlich	1 x jährlich	178,34 €	713,36 €
2. S.	6.000 €	24%	1.7.2014 – 30.6.2018	monatl.	7,36 €	353,28 €
			sowie im Dez. wegen des Weihnachtsgeldes zusätzlich	1x jährlich	107,00 €	428,00 €
3. K.	3.750 €	15%	1.7.2014 – 30.6.2018	monatl.	4,61 €	221,28 €
			sowie im Dez. wegen des Weihnachtsgeldes zusätzlich	1x jährlich	66,88 €	267,52 €
4. B.	2.400 €	9,6%	1.7.2014 – 30.6.2018	monatl.	2,95 €	141,60 €
			sowie im Dez. wegen des Weihnachtsgeldes zusätzlich	1x jährlich	42,80 €	171,20 €
5. Z.	2.250 €	9%	1.1.2012	einmalig		237,00 €
6. W.	600 €	2,4%	1.1.2012	einmalig		63,00 €

Fester Plan mit Anpassungsklausel und Zahlungsgarantie

Frederik Gudat kann seinen Plan auch mit einer flexiblen Klausel kombinieren – zum Beispiel für den Fall, dass sein pfändbares Einkommen sinkt, etwa, weil er arbeitslos geworden ist. Gläubiger mögen erfahrungsgemäß solche Pläne lieber als ganz flexible, besonders wenn Frederik Gudat, wie in diesem Musterbrief, eine bestimmte Summe garantiert.

Musterbrief Nr. 4: Flexible Klausel und Zahlungsgarantie *

4

… Dabei habe ich berücksichtigt, dass ein Gläubiger auf Grund der Lohnabtretung vorrangig zu bedienen ist. Ich gehe davon aus, dass das Insolvenzverfahren vermutlich am 1.7.2012 und dass die Wohlverhaltensperiode am 1.1.2013 beginnen wird.

Ich schlage daher folgende Regelung zur endgültigen Erledigung Ihrer Forderung vor:

Sie erhalten von mir ab dem 1.7.2014 bis zum 30.6.2018 entsprechend Ihrer Quote** monatlich 7,36 Euro, darüber hinaus jeweils im Dezember den wegen des Weihnachtsgeldes pfändbaren Mehrbetrag in Höhe von 107 Euro.

Für mich ist dabei wichtig, dass Sie [sich bereit erklären, laufende Lohn- und Kontopfändungen ruhend zu stellen und]*** sich verpflichten, während der Laufzeit dieses Vergleichs keine Zwangsvollstreckungsmaßnahmen gegen mich durchzuführen. Ich bin bereit, Ihnen ein Kündigungsrecht einzuräumen für den Fall, dass ich mit mindestens zwei vollen Raten im Verzug sein sollte.

Falls mein pfändbares Einkommen sinkt, möchte ich berechtigt sein, meine Raten zu reduzieren oder auch die Zahlungen ganz auszusetzen. Ich verpflichte mich in diesem Fall, Ihnen auf Anforderung einen Nachweis über meine aktuelle Einkommenssituation zuzusenden. Ich garantiere, dass Sie die Ihnen nach diesem Plan zustehende Gesamtsumme innerhalb eines Zeitraums von maximal 90 Monaten erhalten.

*   Entspricht Musterbrief Nr. 1, nur der Mittelteil ist verändert.
**   Die Beträge müssen natürlich je Gläubiger angepasst werden.
*** Soweit der Gläubiger derzeit bei Ihnen vollstreckt.

2. Flexible Raten

Wie gesagt: Ein flexibler Plan ist in den meisten Fällen die
bessere Variante. Schon wegen der – vermutlich steigenden –
Pfändungsfreigrenzen sollten Sie diese Form des Plans wählen.
Bieten Sie den Gläubigern also lieber keine festen Beträge an.
Das heißt, verteilen Sie nur das, was monatlich pfändbar wäre –
und zwar nach einem prozentualen Schlüssel. Brief Nr. 5 ist an
den vorrangigen Gläubiger gerichtet, der eine Lohnabtretung
bekommen hat, und der Brief Nr. 6 gilt den anderen Gläubigern.
Für alle anwendbar ist Sanierungsplan C.

Sanierungsplan C
Flexible Raten:

Gläubiger	Forderung	Quote	Vorschlag	erhält	Rate
1. R.	10.000 €	40%	1.12.2011 – 30.6.2012 bei gleichem pfändbaren Einkommen	monatl.	30,73 €
			sowie im Dez. wegen des Weihnachtsgeldes zusätzlich		445,85 €
			1.7.2012 – 30.6.2014 bei gleichem pfändbaren Einkommen	monatl.	30,73 €
			sowie im Dez. wegen des Weihnachtsgeldes zusätzlich	1x jährlich	445,85 €
			1.07.2014 – 30.6.2018 bei gleichem pfändbaren Einkommen	monatl.	12,29 €
			sowie im Dez. wegen des Weihnachtsgeldes zusätzlich	1x jährlich	178,34 €
2. S.	6.000 €	24%	1.7.2014 – 30.6.2018 bei gleichem pfändbaren Einkommen	monatl.	7,36 €
			sowie im Dez. wegen des Weihnachtsgeldes zusätzlich	1x jährlich	107,00 €
3. K.	3.750 €	15%	1.7.2014 – 30.6.2018 bei gleichem pfändbaren Einkommen	monatl.	4,61 €
			sowie im Dez. wegen des Weihnachtsgeldes zusätzlich	1x jährlich	66,88 €

Gläubiger	Forderung	Quote	Vorschlag	erhält	Rate
4. B.	2.400 €	9,6%	1.7.2014 – 30.6.2018 bei gleichem pfändbaren Einkommen	monatl.	2,95 €
			sowie im Dez. wegen des Weihnachtsgeldes zusätzlich	1x jährlich	42,80 €
5. Z.	2.250 €	9%	1.7.2014 – 30.6.2018 bei gleichem pfändbaren Einkommen	monatl.	2,77 €
			sowie im Dez. wegen des Weihnachtsgeldes zusätzlich	1x jährlich	40,13 €
6. W.	600 €	2,4%	1.7.2014 – 30.6.2018 bei gleichem pfändbaren Einkommen	monatl.	0,74 €
			sowie im Dez. wegen des Weihnachtsgeldes zusätzlich	1x jährlich	10,70 €

Falls bei Ihnen zurzeit überhaupt nichts »zu holen« ist, lassen Sie die Worte »bei gleichem pfändbaren Einkommen« und die Zahlen danach einfach weg. Vermutlich werden sich Ihre Gläubiger selbst ausrechnen, dass Sie nichts anzubieten haben und auf Ihren Plan nicht eingehen. Aber Sie haben es wenigstens versucht und können die notwendigen Verhandlungen für das Verbraucherinsolvenzverfahren vorweisen.

Falls Sie einen Gläubiger besitzen, an den Sie Ihr pfändbares Gehalt abgetreten haben, denken Sie auf jeden Fall darüber nach, ob sich für Sie ein Abtretungsausschluss mit Ihrem Arbeitgeber lohnt (siehe Seite 37).

Wenn Sie sichergehen wollen, dass Ihr Existenzminimum immer gesichert bleibt, sollten Sie nicht nur vereinbaren, dass Sie einen bestimmten Prozentsatz Ihres pfändbaren Einkommens zahlen. Sie sollten auch festlegen, dass Sie gegebenenfalls eine Bescheinigung vom Job-Center beziehungsweise Sozialamt vorlegen und damit nach § 850 f Absatz 1 ZPO das jeweils Pfändbare konkretisieren können.

Musterbrief Nr. 5: An einen Gläubiger, der eine Lohnabtretung bekommen hat

Ihre Forderungen/Aktenzeichen

... hiermit teile ich Ihnen mit, dass ich leider längerfristig nicht in der Lage sein werde, den von Ihnen gekündigten Kredit vollständig zurückzuzahlen. Ich habe Schulden von insgesamt 25.000 Euro bei sechs Gläubigern und ein Nettoeinkommen von 1.950 Euro. Außerdem bin ich gegenüber meiner Frau und meinen beiden Kindern im Alter von vier und sechs Jahren unterhaltspflichtig. Meine Frau hat kein eigenes Einkommen.

Monatlich sind zurzeit nach der Pfändungstabelle 30,73 Euro pfändbar. Pfändbares Vermögen ist nicht vorhanden.

Angesichts der Überschuldung plane ich, das Verbraucherinsolvenzverfahren zu beantragen. Ich würde mich aber gerne vorher mit Ihnen außergerichtlich auf der Basis des beigefügten Sanierungsplans einigen.

Dabei habe ich berücksichtigt, dass Ihre Forderung auf Grund der Lohnabtretung vorrangig zu bedienen ist. Ich gehe davon aus, dass das Insolvenzverfahren vermutlich am 1.7.2012 und dass die Wohlverhaltensperiode am 1.1.2013 beginnen wird.

Ich schlage daher folgende Regelung zur endgültigen Erledigung Ihrer Forderung vor: Bis zum 1.7.2012 erhalten Sie das, was Ihnen auf Grund der Lohnabtretung zusteht.

Da dann das Insolvenzverfahren beginnen könnte, erhalten Sie von mir vom 1.7.2012 bis zum 30.6.2014 den gesamten pfändbaren Anteil meines Einkommens. Vom 1.7.2014 bis zum 30.06.2018 bekommen Sie von mir entsprechend Ihrer Quote monatlich 40 Prozent des pfändbaren Gehalts sowie darüber hinaus jeweils im Dezember zusätzlich 40 Prozent vom pfändbaren Anteil des wegen des Weihnachtsgeldes erhöhten Gehalts. Dabei verpflichte ich mich, Sie über jeden Wohnortwechsel und jede Einkommensveränderung zu informieren, soweit diese zu einer Veränderung von 10 Prozent des pfändbaren Betrags führt.

Des Weiteren erkläre ich hiermit, dass ich mich bei Arbeitsverlust beständig um zumutbare Arbeit bemühen werde.*

Für mich ist dabei wichtig, dass Sie sich verpflichten, während der Laufzeit dieses Vergleichs nicht aus der Lohnabtretung gegen mich vorzugehen. Ich bin bereit, Ihnen ein Kündigungsrecht einzuräumen für den Fall, dass ich mit mindestens zwei vollen Raten im Verzug sein sollte.

Die Zahlungen erfolgen jeweils am 15. eines Monats. Rechtliche Einwände gegen Ihre Forderung bleiben ausdrücklich vorbehalten.

Ein während der Laufzeit anfallendes Erbe werde ich zur Hälfte des Nettoertrags an alle Gläubiger anteilig auszahlen.

Nach Erfüllung des Plans erlöschen in jedem Fall Ihre Ansprüche. Ich möchte Sie schon jetzt darum bitten, mir am Ende der Laufzeit die Erfüllung zu bestätigen und den Schuldtitel zu übersenden sowie bei der SCHUFA eine Erledigungsmeldung abzugeben. Außerdem benötige ich dann eine Löschungsbewilligung für das Schuldnerverzeichnis beim Amtsgericht Köln und eine Bestätigung, dass Sie meine Ehefrau Nora Gudat aus der Haftung entlassen.**

Bitte teilen Sie mir bis zum 1.11.2011 mit, ob Sie mit diesem Plan einverstanden sind. Außerdem bitte ich Sie zu berücksichtigen, dass dieser Plan nur unter der Voraussetzung gelten kann, dass alle Gläubiger zustimmen. Die Laufzeit beginnt einen Monat nach Zustimmung aller Gläubiger.

Anlage: Sanierungsplan

* Wenn Sie bereits arbeitslos sind, können Sie natürlich die Wörtchen »bei Arbeitsverlust« streichen.

** Eine Löschungsbewilligung für das Schuldnerverzeichnis brauchen Sie natürlich nur, wenn Sie eine eidesstattliche Versicherung abgegeben haben. Und die Ehefrau muss natürlich nur erwähnt werden, wenn sie mit unterschrieben hat!

● ● ● Erläuterung siehe Folgeseite

Musterbrief Nr. 6: An einen der anderen Gläubiger*

... Dabei habe ich berücksichtigt, dass ein Gläubiger auf Grund der Lohnabtretung vorrangig zu bedienen ist. Ich gehe davon aus, dass das Insolvenzverfahren vermutlich am 1.7.2012 und dass die Wohlverhaltensperiode am 1.1.2013 beginnen wird. Ich schlage daher folgende Regelung zur endgültigen Erledigung Ihrer Forderung vor:

*Sie erhalten von mir vom 1.7.2014 bis zum 30.6.2018 entsprechend Ihrer Quote** monatlich 24 Prozent des pfändbaren Gehalts sowie darüber hinaus jeweils im Dezember zusätzlich 24 Prozent vom pfändbaren Anteil des auf Grund des Weihnachtsgelds erhöhten Gehalts.*

*Im Übrigen verpflichte ich mich, Sie über jeden Wohnortwechsel und jede Einkommensveränderung zu informieren, soweit diese zu einer Veränderung von 10 Prozent des pfändbaren Betrags führt. Des Weiteren erkläre ich hiermit, dass ich mich bei Arbeitsplatzverlust beständig um zumutbare Arbeit bemühen werde. ***

*Für mich ist dabei wichtig, dass Sie [sich bereit erklären, laufende Lohn- und Kontopfändungen ruhend zu stellen und]**** sich verpflichten, während der Laufzeit dieses Vergleichs keine Zwangsvollstreckungsmaßnahmen gegen mich durchzuführen. Ich bin jedoch bereit, Ihnen ein Kündigungsrecht einzuräumen für den Fall, dass ich mit mindestens zwei vollen Raten im Verzug sein sollte.*

*   Dieser Brief entspricht am Anfang und am Ende Musterbrief 5. Übernehmen Sie die dort mit der gepunkteten Linie ● ● ● markierten Teile und ändern Sie nur den Mittelteil entsprechend.

**   Die Beträge müssen natürlich je Gläubiger angepasst werden.

*** Wenn Sie bereits arbeitslos sind, können Sie natürlich die Worte »bei Arbeitsplatzverlust« streichen.

**** soweit der Gläubiger derzeit bei Ihnen vollstreckt.

Verwenden Sie die Musterbriefe Nr. 5 oder 6 (je nachdem, an welchen Gläubiger Sie schreiben) und fügen Sie nach dem Absatz, in dem Sie konkrete Prozentzahlen anbieten, folgenden Absatz hinzu:

Musterbrief Nr. 7: Ergänzung zur Sicherung des Existenzminimums

... Ich lege Wert darauf, dass mir während der Laufzeit mindestens der nach § 850 f Absatz 1 ZPO unpfändbare Betrag verbleibt. Ich werde Ihnen daher einmal jährlich eine aktuelle Bescheinigung des Job-Centers bzw. Sozialamts über die Höhe meines sozialrechtlichen Mindestbedarfs gem. § 850 f Absatz 1 ZPO vorlegen und meine Zahlungen entsprechend anpassen.

4

Überlegen Sie: Wie gehen Sie vor?

Nehmen Sie die Musterbriefe nur als Orientierungshilfe. Wichtig ist, dass Ihr individuelles Schicksal und Ihre ganz persönliche Situation deutlich werden. Legen Sie auch immer unaufgefordert Belege bei. Schwärzen Sie jedoch gegebenenfalls den Arbeitgeber, Angaben über Ihre Bankverbindung und Krankenversicherung in der Gehaltsabrechnung.

Im Übrigen kann es für Sie nützlich sein, sich vor Verhandlungen alle Argumente aufzuschreiben, die Ihnen einfallen. Hierbei kommen Sie dann vielleicht auch auf neue Ideen und Sie werden auch sicherer in Ihrer Argumentation.

Überlegen Sie, welche Zugeständnisse Sie eventuell machen können. Halten Sie sich an die Regel, zu Anfang nie Höchstmengen anzubieten. Dann können Sie später den Abzahlungsbetrag erhöhen. Immer wieder kommt es vor, dass erst ein längerer Schriftverkehr geführt werden muss, bevor der Gläubiger einem Sanierungsplan zustimmt. Dann ist es gut, wenn Sie nicht gleich zu Anfang all Ihr Pulver verschossen haben.

Trotzdem sollten Sie bei Ihrem ersten Vorschlag nicht zu hoch pokern. Denn wenn Sie deutlich machen, dass Sie nicht mehr zahlen können, werden Sie unglaubwürdig, wenn Sie plötzlich den doppelten Betrag aus dem Hut zaubern. Bieten Sie nie mehr an als Sie realistisch zahlen können. Im Zweifel bieten Sie lieber das pfändbare Einkommen an, da sich dieses ja an Ihrer persönlichen Finanzsituation orientiert.

Sie sollten möglichst schriftlich und nicht telefonisch verhandeln. Damit haben Sie immer genügend Zeit, um sich den nächsten Schritt gut zu überlegen. Außerdem besteht bei einem mündlichen/telefonischen Gespräch die Gefahr, dass Sie Dinge preisgeben, die Ihr Gläubiger besser nicht wissen sollte (wo Sie arbeiten, dass und wo Ihr Ehepartner arbeitet und so weiter). Ein weiterer Vorteil: Sie können alles beweisen. Und es kommt nicht so schnell zu Missverständnissen.

Wenn Sie dennoch mündlich verhandeln müssen (bei Ämtern empfiehlt es sich häufig, den direkten Kontakt zu suchen), vereinbaren Sie vorher telefonisch einen Termin. Nehmen Sie möglichst einen Zeugen mit.

Im Gespräch brauchen Sie keineswegs unterwürfig zu sein. Denken Sie immer daran: Auch der Gläubiger ist daran interessiert, dass es zu einer Lösung kommt. Versuchen Sie, gelassenes Selbstbewusstsein auszustrahlen (selbst wenn Ihnen vor Angst die Knie zittern). Je mehr man Sie respektiert, umso eher kommt man Ihnen entgegen. Aber seien Sie auch nicht zu forsch, sonst ermuntern Sie Ihren Gesprächspartner vielleicht dazu, Ihnen »eine Lektion zu erteilen« und besonders hart zu bleiben.

Lassen Sie sich im Übrigen zu keiner Unterschrift drängen. Nehmen Sie sich das schon vorher fest vor. Ein seriöser Gesprächspartner wird Ihnen immer 24 Stunden Bedenkzeit geben; notfalls müssen Sie an seine Seriosität appellieren.

Machen Sie es sich zur Regel, dem Gläubiger nur das Allernötigste mitzuteilen. Wenn Sie Kopien vorlegen müssen, schwärzen Sie Angaben über Ihren Arbeitgeber, über Kontonummern oder Informationen über Ihren Ehegatten. Kopieren Sie erst das Original, schwärzen Sie die Kopie und kopieren Sie sie noch einmal, damit Nachforschungen ausgeschlossen sind.

Vermeiden Sie zunächst, genaue Angaben über andere Gläubiger zu machen. Sie können deren Namen mit einem Buchstaben abkürzen. Wenn Sie später vor Gericht ziehen und einen Schuldenbereinigungsplan vorlegen, müssen Sie allerdings jedem Gläubiger diese Angaben zugänglich machen.

Vorsicht auch, wenn es um eine Umschuldung geht: Geben Sie keine Hinweise, wo das Geld liegt, mit dem Sie Ihre Schulden abbezahlen wollen. Sonst kommt der Gläubiger vielleicht noch auf die Idee, dass er mehr bekommt, wenn er das Geld gleich bei Ihnen pfänden lässt. Wenn das passieren sollte, hat das jedoch ein Gutes: Dann können Sie sich alle weiteren Verhandlungen sparen und direkt den Antrag bei Gericht stellen. Denn nach der Gesetzesreform gelten die außergerichtlichen Verhandlungen bei Vollstreckungsversuchen automatisch als gescheitert.

Achten Sie außerdem darauf, dass Sie glaubwürdig bleiben. Nennen Sie unangenehme Dinge ruhig beim Namen. Denn je mehr Vertrauen ein Gläubiger zu Ihnen entwickelt, umso eher kommt er Ihnen entgegen. Lassen Sie einfließen, was »nach der Insolvenzordnung« passieren wird. Das verschafft Ihnen Respekt. Eventuell kann es für Sie sinnvoll sein, sich den Gesetzestext der Insolvenzordnung (»InsO«) im Taschenbuchformat zu besorgen. Auch wenn das Juristenkauderwelsch häufig unverständlich ist – vielleicht hilft es Ihnen doch, den einen oder anderen Paragrafen, den wir hier zitiert haben, mal nachzulesen, um Ihre Rechte einzufordern.

Wichtig!

Denken Sie immer daran: Auch der Gläubiger hat ein Interesse daran, dass Sie sich einig werden!

1. Jeder Gläubiger weiß: Er kann nur verlieren, wenn Sie mutlos werden, weil Ihre Lage zu aussichtslos ist.

2. Es kostet ihn viel Zeit, Geld und Nerven, hinter einem Schuldner herzujagen.

3. Er weiß, dass Sie das Verbraucherinsolvenzverfahren beantragen können und er dann möglicherweise nach einiger Zeit gar kein Geld mehr sieht.

6. Schritt: Entscheiden Sie – Wollen Sie das Insolvenzverfahren beantragen?

Wenn die Verhandlungen mit den Gläubigern keinen Erfolg gebracht haben, müssen Sie überlegen, wie es weitergehen soll. Sie können dann bei Ihrem Amtsgericht die Verbraucherinsolvenz beantragen. Sie haben fast nur Vorteile, wenn Sie das tun: Sie werden nicht mehr durch den Gerichtsvollzieher oder durch andere Zwangsvollstreckungsversuche belästigt.

Wird Ihr Lohn bereits jetzt gepfändet, ändert sich wenig – nur, dass Ihr Arbeitgeber in Zukunft Teile Ihres Lohns nicht mehr direkt an den Gläubiger, sondern an den Treuhänder überweist. Positiv verändert sich, dass Sie in einigen Jahren die Aussicht haben, von Ihren Schulden ganz herunterzukommen. Ein paar harte Jahre müssen Sie durchstehen, aber dann können Sie wieder frei durchatmen!

Wenn bei Ihnen nichts gepfändet wird, weil nichts zu holen ist, ändert sich auch wenig. Für Sie lohnt sich die Verbraucherinsolvenz umso mehr, denn Sie haben eine ganz neue Chance, von

Ihren Schulden herunterzukommen – eine Chance, die Sie sonst
nie hätten.

Es kann allerdings in beiden Fällen unangenehm sein, dass Sie
sich während der Laufzeit der Verbraucherinsolvenz für viele
Dinge rechtfertigen müssen. Wenn Sie keine Arbeit haben, werden Sie immer wieder belegen müssen, dass Sie sich genug um
Arbeit bemüht haben. Möglicherweise müssen Sie Arbeit annehmen, die Ihnen überhaupt nicht gefällt. Vielleicht werden auch
Gläubiger versuchen, Sie in Misskredit zu bringen. Vielleicht
wird man Ihnen nachspionieren; Sie müssen damit rechnen,
dass alle möglichen Fußangeln ausgelegt werden.

Die bisherigen Erfahrungen haben gezeigt: Es funktioniert
überall da gut, wo es Stellen gibt, die den Schuldnern während
des Verfahrens beistehen. Suchen Sie sich deshalb unbedingt
jemanden, der Ihnen den Rücken stärkt. Vielleicht finanziert
ein Verwandter Ihnen einen Anwalt, der Sie begleitet; vielleicht
haben Sie Glück und bekommen noch einen Platz bei einer Ver-
braucher- oder Schuldnerberatungsstelle.

Hilfe holen – das ist auch bei der Verbraucherinsolvenz einer der
wichtigsten Tricks. Wenn Sie glauben, dass Sie sich diese Unterstützung organisieren können, dann sollten Sie auf jeden Fall Ihr
Glück mit diesem Verfahren versuchen.

Wer hilft Ihnen?

Wenn Sie Probleme mit Ihren Schulden haben, sollten Sie als Erstes Kontakt zu einer Schuldnerberatungsstelle aufnehmen. **Aber Vorsicht:** Nicht jeder, der sich Schuldnerberater nennt, ist auch wirklich einer.

Wenn Sie Gebühren bezahlen müssen, ist was faul!

Immer wieder versuchen Menschen, mit der Not der anderen ein Geschäft zu machen. Sie bieten eine Schuldenregulierung an, vergrößern die Schulden aber nur. Meist erklären sie, sie würden »die Sache schon für Sie regeln«, aber wenn Sie Gebühren an diese angeblichen Helfer überweisen, behalten sie erst einmal einen großen Anteil für sich. Die Checkliste ab Seite 188 hilft, unseriöse Angebote zu erkennen. Die »korrekten« Schuldnerberater können Ihnen dagegen die Verbraucherzentralen nennen. Sie können auch bei den Wohlfahrtsverbänden (zum Beispiel bei der Arbeiterwohlfahrt oder bei der Caritas), bei der Stadt oder bei den Sozial- und Jugendämtern nachfragen. Wenn Sie die Adresse herausgefunden haben, rufen Sie an und lassen sich einen Termin geben. Dort gibt es meist Wartelisten – und für die meisten ist Hilfe dringend. Können Sie Strom oder Miete nicht zahlen oder wird das Konto gepfändet, sollten Sie darauf schon beim ersten Kontakt hinweisen.

Zum ersten Termin sollten Sie eine Gehaltsbescheinigung und möglichst alle Unterlagen über Ihre Schulden mitbringen, die Sie haben. Sinnvoll ist auch, eine Ausgabenliste aufzustellen – oder sich zumindest schon mal ein paar Gedanken darüber zu machen, was Sie wofür im täglichen Leben ausgeben. Aber das ist kein »Muss« – wichtig ist, dass Sie überhaupt hingehen!

Wenn Sie direkt zum Anwalt gehen ...

In einigen Gegenden der Bundesrepublik gibt es immer noch keine richtigen Schuldnerberatungsstellen. Hier müssen Sie versuchen, sich selbst zu helfen. Wird es rechtlich kompliziert, sollten Sie sich an einen Anwalt wenden.

... gehen Sie nicht zum nächstbesten!

Kein Anwalt beherrscht jedes Rechtsgebiet. Heute dürfen Anwälte immerhin Spezialgebiete angeben, auf denen sie gerne arbeiten. Das sagt natürlich noch nichts darüber aus, ob sie auf dem Gebiet auch wirklich fit sind. Trotzdem sollten Sie danach fragen. Ein guter Anwalt gibt ehrlich zu, auf welche Rechtsgebiete er sich konzentriert hat. Die meisten Menschen mit Schulden brauchen einen Anwalt, der sich im »Darlehensrecht«, im »Bürgschaftsrecht« und im »Zwangsvollstreckungsrecht« beziehungsweise dem »Insolvenzrecht« gut auskennt. Viele Anwälte haben sich auch mit einer besonderen Prüfung spezialisiert, zum Beispiel zum Fachanwalt für Insolvenzrecht.

Kann Ihnen die Schuldnerberatungsstelle nicht weiterhelfen, fragen Sie bei Ihrer Verbraucherzentrale nach einem Anwalt. Manchmal können auch die Wohlfahrtsverbände einen passenden Anwalt nennen.

Ein Anwalt muss nicht viel kosten!

Früher hieß es ganz einfach »Armenrecht«. Heute gibt es das auch noch; nur die Namen sind komplizierter geworden. Heute spricht man von »Beratungshilfe« und »Prozesskostenhilfe«.

1. Beratungshilfe ist für Sie wichtig, wenn Sie das erste Mal einen Anwalt konsultieren. Entweder Sie gehen direkt zum

Anwalt, und der reicht dann für Sie beim Amtsgericht den Antrag auf Beratungshilfe ein. Oder Sie lassen sich erst bei der Rechtsantragsstelle des Amtsgerichts einen Beratungshilfeschein ausstellen, den Sie dann zum Anwalt mitnehmen. In beiden Fällen kostet die Beratung beim Anwalt nur zehn Euro. Der Anwalt wird auch den Schriftverkehr übernehmen und versuchen, außergerichtlich mit Ihren Gläubigern eine Einigung zu erreichen. Er wird für diese Tätigkeit aus Landesmitteln bezahlt – allerdings bekommt er dafür nur ein relativ geringes Honorar. Deshalb sind diese Fälle bei Anwälten nicht sehr beliebt. Zum Teil übernehmen Anwälte nur wenige »Beratungshilfe-Mandanten«. Haben Sie sich den Schein jedoch selbst besorgt und sind Ihre Unterlagen geordnet, erhöht das Ihre Chancen! Weisen Sie den Anwalt darauf hin, dass Sie Beratungshilfe in Anspruch nehmen, damit es nachher nicht zum Streit ums Honorar kommt.

2. Wenn Sie sich mit Ihren Gläubigern nicht einigen, müssen Sie möglicherweise klagen. Dann können Sie Prozesskostenhilfe bei Gericht beantragen und fast alle Verfahrenskosten werden übernommen. Gewinnen Sie, muss Ihr Gegner ohnehin die Kosten tragen. Verlieren Sie, zahlt der Staat Ihren eigenen Anwalt, und es fallen auch keine Gerichtskosten für Sie an. Aber Achtung: Die Staatskasse übernimmt nicht alles. Sie müssen auch mit Prozesskostenhilfe immer noch die Anwaltskosten Ihres Gegners bezahlen, wenn Sie den Prozess verlieren.

6
Anhang

Wichtige Texte

Empfehlung des Zentralen Kreditausschusses zum Girokonto für jedermann

»Alle Kreditinstitute, die Girokonten für alle Bevölkerungs-
gruppen führen, halten für jeden/n Bürgerin/Bürger in ihrem
jeweiligen Geschäftsgebiet auf Wunsch ein Girokonto bereit. Der
Kunde erhält dadurch die Möglichkeit zur Entgegennahme von
Gutschriften, zu Barein- und -auszahlungen und zur Teilnahme
am Überweisungsverkehr. Überziehungen braucht das Kreditinstitut nicht zuzulassen. Jedem Institut ist es freigestellt, darüber hinausgehende Bankdienstleistungen anzubieten.

Die Bereitschaft zur Kontoführung ist grundsätzlich gegeben,
unabhängig von Art und Höhe der Einkünfte, zum Beispiel
Arbeitslosengeld, Sozialhilfe. Eintragungen bei der Schufa,
die auf schlechte wirtschaftliche Verhältnisse des Kunden hin-
deuten, sind allein kein Grund, die Führung eines Girokontos zu
verweigern.

Das Kreditinstitut ist nicht verpflichtet, ein Girokonto für den An-
tragsteller zu führen, wenn dies unzumutbar ist. In diesem Fall
darf die Bank auch ein bestehendes Konto kündigen. Unzumutbar ist die Eröffnung oder Fortführung einer Kontoverbindung
insbesondere, wenn
---> der Kunde die Leistungen des Kreditinstituts missbraucht,
     insbesondere für gesetzwidrige Transaktionen, zum Beispiel
     Betrug, Geldwäsche oder Ähnliches.;
---> der Kunde Falschangaben macht oder Kunden und Mitarbei-
     ter grob belästigt oder gefährdet;
---> die bezweckte Nutzung des Kontos zur Teilnahme am bar-
     geldlosen Zahlungsverkehr nicht gegeben ist, weil zum Bei-
     spiel das Konto durch Handlungen vollstreckender Gläubiger
     blockiert ist oder ein Jahr lang umsatzlos geführt wird;

⋯⟩ nicht sichergestellt ist, dass das Institut die für die Kontoführung und -nutzung vereinbarten üblichen Entgelte erhält;

⋯⟩ der Kunde auch im Übrigen die Vereinbarungen nicht ein-
hält.«

Aus: Die Bank 10/1995, Seite 635

Die Fachsprache

Beratungshilfe

Eine finanzielle Hilfe, mit der der Staat das Erstgespräch beim
Anwalt unterstützt. Die Beratungshilfe begleicht einen Teil der
Beratungskosten; maximal zehn Euro sind vom Ratsuchenden
selbst zu zahlen.

Bürgschaft

Eine Bürgschaft ist eine Absicherung für den Gläubiger. Ein Dritter verspricht dem Gläubiger, für den Schuldner zu zahlen. Zahlt
der Schuldner nicht, kann sich der Gläubiger in der Regel direkt
an den Bürgen halten. Dieser kann dann die gezahlten Beträge
vom Schuldner zurückverlangen.

6

Drittwiderspruchsklage

Wenn bei einer Pfändung zu Unrecht Eigentum eines Unbetei-
ligten beschlagnahmt wurde, kann der mit dieser Klage sein
Eigentum wiederbekommen (zum Beispiel Gegenstände eines
Ehepartners oder Lebensgefährten).

Effektiver Jahreszins

Das ist das, was Sie bei einem Darlehen insgesamt für Zinsen
und Kreditgebühren pro Jahr zahlen müssen.

Eidesstattliche Versicherung

Früher Offenbarungseid genannt. Ein förmliches Verfahren bei
Gericht, in dem der Schuldner offiziell erklärt, was er noch an
Vermögenswerten besitzt und welche Einnahmen er hat. Kann

auch vom Gerichtsvollzieher in seinen Diensträumen oder direkt beim Schuldner durchgeführt werden.

Forderung
Ein Recht, von einem anderen etwas zu bekommen (siehe auch »Hauptforderung«).

Gläubiger
Derjenige, der ein Recht hat, etwas zu bekommen. Also zum Beispiel derjenige, der Ihnen Geld geliehen hat oder derjenige, dem Sie Unterhalt zahlen müssen.

Grundbuch
Ein dickes Buch beim Amtsgericht, in dem unter anderem für jedes Grundstück eingetragen wird, wem es gehört und wer sonst noch ein Recht an dem Grundstück hat. Grundbücher werden jetzt im Wesentlichen bei den Amtsgerichten per Computer verwaltet.

Hauptforderung
Der Kern Ihres Vertrages. Das umfasst alles, was Sie schulden – ohne die Kosten der Rechtsverfolgung und ohne Verzugszinsen.

Hypothek/Grundschuld
Ein Recht an einem Grundstück, das dazu dient, eine Forderung abzusichern. Dieses Pfandrecht wird ins Grundbuch eingetragen, damit zum Beispiel beim Verkauf des Grundstücks jeder weiß: Da bekommt noch ein Gläubiger Geld aus der Verkaufssumme.

Inkassobüros
Spezialisten fürs Schuldeneintreiben. Inkassobüros werden von Großgläubigern beauftragt, Forderungen einzutreiben. Manchmal »kaufen« sie auch den Großgläubigern die Forderungen ab.

Insolvenzordnung (InsO)

Gesetz, das die frühere Konkursordnung und andere Gesetze abgelöst hat. Gilt sowohl für Firmen, die »pleite« machen, als auch für Privatpersonen.

Insolvenzverfahren

Begriff für Konkursverfahren: Das Hab und Gut einer Person oder einer Firma wird verteilt an die Gläubiger.

Konkurs

Ein Verfahren, in dem alles Hab und Gut einer Person oder Firma an die Gläubiger verteilt wird. Damit gilt der Schuldner offiziell als »pleite«. Wurde zum 1. Januar 1999 durch das Insolvenzverfahren abgelöst.

Kreditvermittler

Ein Makler für Kredite von Banken, der – wie bei Wohnungsmaklern auch – einen Kredit grundsätzlich teurer macht.

Lohnabtretung

Der Arbeitnehmer räumt einer anderen Person das Recht ein, den pfändbaren Anteil seines Lohns vom Arbeitgeber zu bekommen. Eine Lohnabtretung wird fast immer vereinbart, wenn jemand bei einer Bank einen Kredit aufnimmt. Das Gleiche gilt für Abtretungen anderer Ansprüche, zum Beispiel auf Sozialleistungen.

Lohnpfändung

Der pfändbare Teil des Lohns wird beim Arbeitgeber staatlich beschlagnahmt, um ihn an einen Gläubiger auszuzahlen. Die Gläubiger müssen vorher mit einem »Titel« (siehe Seite 186) die Lohnpfändung bei Gericht beantragen.

Mahnbescheid

Ein gerichtlicher Bescheid, der eine bestimmte Zahlung »anmahnt«. Der Gläubiger beantragt diesen Bescheid. Und das

Gericht erlässt den Mahnbescheid ohne zu prüfen, ob der Gläubiger überhaupt ein Recht hat, das Geld zu bekommen.

Mahnverfahren

Gerichtliches Verfahren, mit dem eine Schuld »festgeschrieben« werden soll. Das Gericht erlässt erst einen Mahnbescheid und später einen Vollstreckungsbescheid (siehe auch »Vollstreckungsbescheid«).

Masse

Während des Insolvenzverfahrens/Konkurses wird berechnet, wie viel der Schuldner noch besitzt. Die Gesamtsumme der verwertbaren Forderungen (das sind insbesondere die pfändbaren Anteile Ihrer Einkünfte) und des Vermögens ist die Masse. Zuerst werden die Kosten für die Abwicklung aus der Masse bezahlt; der Rest wird an die Gläubiger verteilt.

Nachlassinsolvenz

Gerichtliches Verfahren, in dem ein Erbe daraufhin überprüft wird, ob es möglicherweise überschuldet ist.

Niederschlagung

Das heißt, dass eine Behörde eine längere Zeit darauf verzichtet, ausstehendes Geld einzutreiben.

Pfändung

Ein anderes Wort für staatliche Beschlagnahme und Verwertung. Zweck der Pfändung ist, einem anderen, dem Gläubiger, zu seinem Geld zu verhelfen.

Pfändungsschutzkonto

Normales Girokonto mit gesetzlich geregelter Zusatzfunktion. Es ermöglicht dem Kontoinhaber im Fall einer Pfändung, bis zur Höhe seines persönlichen Freibetrages über seine Einkünfte zu verfügen.

Pfändungs- und Überweisungsbeschluss

Gerichtliche Entscheidung, einen finanziellen Anspruch zu beschlagnahmen. Wenn zum Beispiel ein Arbeitnehmer von seinem Arbeitgeber Lohn fordern kann, wird diese Lohnforderung zugunsten einer dritten Person, des Gläubigers, beschlagnahmt. Damit darf der Gläubiger vom Arbeitgeber den pfändbaren Teil des Lohns verlangen.

Prozesskostenhilfe

Früher »Armenrecht«. Staatliche Unterstützung, mit der Menschen mit geringem Einkommen ein Teil der Prozesskosten finanziert wird.

Restschuldbefreiung

Verfahren, in dem Sie Schulden loswerden (vom Rest Ihrer Schulden »frei« werden) können (siehe 3. und 4. Phase der »Verbraucherinsolvenz«).

SCHUFA

Die SCHUFA ist eine Wirtschaftsauskunftei, die Daten sammelt für Unternehmen, die gewerblich Kredite vergeben (zum Beispiel Banken).

6

Schuldenbereinigungsplan

Ein Plan, der festlegt, wie alle Schulden bei allen Gläubigern in Zukunft getilgt werden sollen.

Schuldenbereinigungsverfahren

Mögliche zweite Etappe der Verbraucherinsolvenz: Ein Versuch, sich mit allen Gläubigern über die Tilgung zu einigen, wobei das Gericht das Verfahren überwacht.

Sicherheit

Eine Maßnahme, mit der der Gläubiger dafür sorgt, dass er sein Geld zurückbekommt. Eine Sicherheit ist zum Beispiel eine Lohnabtretung, eine Hypothek oder auch eine Bürgschaft.

Sittenwidrigkeit

Ein Vertrag ist sittenwidrig, also nichtig und unwirksam, wenn er gegen die allgemeine Rechts- und Sozialmoral verstößt.

Stundung

Zahlungsaufschub. Eine Forderung, die jetzt bezahlt werden müsste (»fällig ist«), braucht erst zu einem späteren Zeitpunkt beglichen zu werden. Kostet häufig Geld.

Taschenpfändung

Der Gerichtsvollzieher durchsucht die Kleidung danach, ob der Schuldner etwas bei sich hat, was gepfändet werden könnte.

Titel

Viele Dokumente können ein Titel sein: ein Urteil, ein notarieller Vertrag oder auch ein Vollstreckungsbescheid. Der Titel ist eine staatliche Urkunde, die erlaubt, die Zwangsvollstreckung zu beantragen.

Treuhänder

Eine Art Verwalter, der während des Insolvenzverfahrens und während der Wohlverhaltensperiode vor allem das Geld einsammelt.

Umschuldung

Mit einem neuen Kredit werden alte Schulden beglichen.

Verbraucherkonkurs

Umgangssprachlich für Verbraucherinsolvenz. Ein gerichtliches Verfahren, das »Normalbürgern« die Möglichkeit gibt, reinen Tisch zu machen und nach einer Wohlverhaltenszeit die Schulden loszuwerden.

Vergleich

Juristischer Begriff für »Kompromiss«: Beide Seiten lösen ein vertragliches Problem, indem sie etwas nachgeben und sich einigen.

Verjährung

Etwas ist »verjährt«, wenn eine Forderung so alt ist, dass der Schuldner sie nicht mehr erfüllen muss. Das heißt, obwohl der Gläubiger mal ein Recht hatte, von einem anderen etwas zu fordern, kann er es nach der Verjährung nicht mehr gerichtlich durchsetzen. Die Forderung ist zu alt, und im Sinne des allgemeinen Rechtsfriedens soll niemand einen anderen ewig belästigen können. Verjährung wird von den Gerichten allerdings nicht automatisch beachtet; der Schuldner muss sich ausdrücklich darauf berufen.

Verzugszinsen

Ein Gläubiger kann diese Art von Zinsen für den Schaden (insbesondere zusätzliche Kosten) verlangen, der ihm durch eine verspätete Zahlung entsteht.

Vollstreckung

Staatliche Durchsetzung von Rechten eines Gläubigers. Vollstreckt wird zum Beispiel durch den Gerichtsvollzieher oder durch das Vollstreckungsgericht beim Amtsgericht. Wenn ein Privatmann seine Inkassotrupps losschickt, ist das keine Vollstreckung – jedenfalls nicht im juristischen Sinne.

6

Vollstreckungsbescheid

Gerichtlicher Bescheid, der ankündigt, dass demnächst vollstreckt werden kann, wenn kein Einspruch kommt.

Wiedereinsetzung in den vorigen Stand

Wenn Sie eine Frist versäumt haben, beantragen Sie, dass das Gericht Sie so behandelt, als wäre die Frist noch nicht abgelaufen. Das Gericht kommt dem meist nach, wenn Sie entschuldbare Gründe (wie zum Beispiel Krankheit) hatten, die Frist zu versäumen.

Wohlverhaltensperiode

Auch Treuhandperiode genannt. Eine Frist von maximal sechs Jahren, in der sich der Schuldner unter anderem darum bemühen muss, dass seine Gläubiger regelmäßige Zahlungen erhalten. Hat der Schuldner alle Pflichten in dieser Frist erfüllt, erhält er die Restschuldbefreiung.

Zahlungsunfähigkeit

Zahlungsunfähig sind Menschen, die nicht in der Lage sind, ihre fälligen Zahlungspflichten zu erfüllen.

Zwangsvollstreckung

Siehe Vollstreckung.

Checkliste: Bewertung von Angeboten

Die folgenden zwölf Kriterien helfen Ihnen dabei, sich vor unseriösen Angeboten zur Schuldenregulierung zu schützen. Diese Checkliste liefert nur Hinweise auf fehlende oder vorhandene Seriosität. Allerdings ist automatisch garantiert, dass ein Anbieter seriös arbeitet, wenn er alle Positivmerkmale erfüllt. Ebenso wenig muss ein unseriöser Anbieter alle beschriebenen Negativmerkmale erfüllen. Allerdings: Je mehr Minuspunkte ein ausgewähltes Angebot erzielt, desto kritischer sollten Sie ihm gegenüberstehen.

1. Vorsicht bei reißerischer Werbung

Größte Vorsicht ist geboten, wenn Angebote schnelle Soforthilfe versprechen. Sofern dahinter nämlich keine grundlegende Beratung und rechtliche Vertretung steht, dauert der Weg aus der Überschuldung am Ende länger als das Warten auf einen Beratungstermin bei einer seriösen Schuldner- und Insolvenzberatung – und er kommt darüber hinaus auch noch teuer zu stehen. Misstrauen ist auch angebracht, wenn Ihnen versprochen wird, dass sie nur noch eine Rate an den

Schuldenregulierer zahlen müssen, der sich dann um alles kümmert: Häufig werden mit dieser Rate nur die immens hohen Kosten des Schuldenregulierers bezahlt und die bisherigen Gläubiger gehen (fast) leer aus.

2. Persönliche Beratung als Qualitätsmerkmal

Ein wesentliches Qualitätsmerkmal sinnvoller Angebote ist die persönliche und auf den Einzelfall zugeschnittene, in wirtschaftlicher und rechtlicher Hinsicht fundierte Beratung. Besondere Vorsicht ist geboten, wenn der vermeintliche Berater erst im Gespräch (oder gar nur schriftlich) von Ihnen erfahren will, welchen Geldbetrag Sie monatlich entbehren können und nur mit dieser Information eine Ratenzahlungsvereinbarung festlegt. In einer seriösen Beratung verläuft dies genau umgekehrt: Hier informiert der Berater über die Höhe des Pfändungsbetrags, der monatlich an die Gläubiger abzugeben ist und wie viel Sie für sich selbst behalten dürfen.

3. Kein Ausschluss von Rechtsdienstleistung beziehungsweise Rechtsberatung

Schuldnerberatung ist immer auch Rechtsdienstleistung: Hierzu gehört die rechtliche Überprüfung von Gläubigerforderungen, die Beratung zu individuellen Pfändungsfragen, aber auch die Ratenzahlungsvereinbarung mit Gläubigern. Hat der Berater keine Rechtsdienstleistungsbefugnis beziehungsweise schließt er vertraglich eine Rechtsdienstleistung aus, ist eine wirksame Schuldnerberatung durch ihn nicht möglich.

4. Kein Duo von Berater und Anwalt

Bei Angeboten, in denen Berater lediglich Ihre Daten aufnehmen und Unterlagen an einen Anwalt weiterreichen, entstehen in der Regel doppelte Kosten. Weil der Berater keine Rechtsberatungsbefugnis hat und ihm die nach dem Verbraucherinsolvenzrecht notwendige Anerkennung fehlt, kann er weder rechtliche Auskünfte geben noch die für die Vorbereitung und Durchführung des Insolvenzverfahrens erforderlichen Schritte für Sie erledigen. Mit dem Anwalt haben Sie in der Regel keinen persönlichen Kontakt, sodass Sie weder Unklarheiten besprechen noch Fragen stellen können. Manche Anwälte schließen sogar vertraglich die Rechtsberatung aus.

5. Vorsicht bei Hausbesuchen!

Seriöse Anbieter vereinbaren vorvertragliche Termine nur in ihren Geschäftsräumen und nicht beim Schuldner zu Hause. Solche Hausbesuche zur Vertragsanbahnung erzeugen beim Schuldner einen deutlich höheren Druck, die angebotenen Verträge ohne genaue Prüfung und Reflexion zu unterschreiben. Im Rahmen des sozialen Beratungsaspekts und um sich ein Bild von der häuslichen Situation des Klienten zu machen, unternehmen einige Schuldnerberater natürlich auch Besuche beim Schuldner. Verträge werden hier aber genauso wenig unterschrieben wie Zahlungspläne festgelegt. Eine umfassende Beratung und Vertretung im eigenen Haus gibt es nur im Fernsehen!

6. Kosten-Check

Bei der ersten Kontaktaufnahme sollten Sie bereits nach möglichen Kosten fragen. Legt der Anbieter seine Kostenstruktur nicht transparent dar, gilt für den Ratsuchenden: Je unübersichtlicher, desto gefährlicher! Eine seriöse Kostenstruktur ist übersichtlich, richtet sich nach objektiven Gegebenheiten, zum Beispiel der Zahl der Gläubiger und berücksichtigt die tatsächliche Leistungsfähigkeit des Schuldners. Hierzu gehört auch der Hinweis, dass gegebenenfalls ein Anspruch auf Beratungshilfe besteht.

7. Vertragsunterschrift immer nur nach sorgfältiger Prüfung

Seriöse Anbieter drängen Sie nicht zur Unterschrift, sondern informieren Sie über die Bedingungen, händigen Ihnen diese schriftlich aus und lassen Ihnen Zeit, sich den Vertragsschluss zu überlegen. Bei Zweifeln und Unsicherheiten sollten Sie den Vertrag vor der Unterschrift zum Beispiel von einer Verbraucherzentrale überprüfen lassen.

8. Keine weiteren Verträge

Egal, was der Berater erzählt: Neben dem eigentlichen Schuldner- und Verbraucherinsolvenzberatungsvertrag sollten Sie keine weiteren Verträge (wie zum Beispiel Versicherungen, Beteiligungen, Sparverträge) unterschreiben. Damit wird die Schuldenregulierung nämlich keinesfalls erleichtert – wie unseriöse Anbieter gerne behaupten –, vielmehr gehen Sie weitere Verpflichtungen ein, die Sie nicht erfüllen können. Unter Umständen kann damit Ihre Entschuldung gefährdet sein, im Extremfall machen Sie sich sogar strafbar. Verdient hat dann nur der Vermittler – nämlich die Provision für die abgeschlossenen Verträge.

9. Hände weg von »Finanzsanierungs-«, »Schuldenverwaltungs-« oder »Vermögensverwaltungsverträgen«

Viele unseriöse Anbieter suggerieren überschuldeten Kunden, einen Kreditvertrag vermitteln zu können. Bei genauer Prüfung verbergen sich dahinter meist lediglich Verträge mit Leistungen zur Schuldenverwaltung ohne das Ziel der Schuldenbewältigung. Hände weg, denn solche Verträge sind weder geeignet, die Chancen auf einen Kredit zu erhöhen, noch den Schuldner einer Lösung seiner Probleme näher zu bringen.

10. Vertraglich zugesicherte Leistungen prüfen

Die im Vertrag beschriebenen Leistungen sollten sich nicht bloß auf verwaltende Tätigkeiten wie zum Beispiel das Auflisten der Gläubiger und Forderungen, das Entgegennehmen und Weiterleiten von Raten sowie EDV-technische Abwicklungen beschränken. Wesentlicher Bestandteil der Leistungen sollte vielmehr die Rechtsberatung und -vertretung sein – einschließlich der Verhandlungen mit den Gläubigern. Denn nur so kann das Ziel der Entschuldung erreicht werden.

Die gesamte Leistung – verwaltende Tätigkeiten, Beratung und Vertretung gegenüber den Gläubigern – sollte in einer Hand liegen. Selbstverständlich, dass der Berater zu üblichen Geschäftszeiten erreichbar ist und selbst die persönlichen Beratungsgespräche durchführt. Bei einer Verbraucherinsolvenzberatung sollte eine – unterschiedlich intensive – Begleitung während sämtlicher Verfahrensschritte möglich sein. Schwerpunkte sollten bei der aktiven Unterstützung beim außergerichtlichen Einigungsversuch sowie bei konkreten Hilfestellungen zum Ausfüllen des Insolvenzantrages gesetzt werden. Bei einer reinen Schuldnerberatung sollte sich die Beratung jeweils am individuellen Bedarf des Schuldners orientieren.

11. Nachweis der Anerkennung

Anbieter von Verbraucherinsolvenzberatung müssen eine offizielle Bescheinigung darüber ausstellen können, dass sie vergeblich eine außergerichtliche Einigung mit den Gläubigern versucht haben. Ohne diese Bescheinigung können Sie die Eröffnung eines Verbraucherinsolvenzverfahrens nicht beantragen. Sie darf nur durch eine von der Landesregierung anerkannten Stelle, von einem zugelassenen Rechtsanwalt oder einer anderen geeigneten Person gemäß § 305 Insolvenzordnung ausgestellt werden. Fragen Sie nach der Anerkennung und dem entsprechenden Nachweis.
Achtung: Auch die Anerkennung reicht leider alleine als Nachweis für Seriosität und Qualität nicht immer aus. Die übrigen hier erläuterten Kriterien sollten unbedingt auch überprüft werden.

12. Vorabinformation über den Anbieter

Möglichkeiten bietet das Internet, aber auch eine Nachfrage bei der örtlichen Verbraucherzentrale oder öffentlich finanzierten Schuldnerberatung. Auf der Webseite des Anbieters können Sie unter anderem überprüfen, ob die Firmenstruk-

tur erkennbar ist und die Verantwortlichen klar benannt werden (Vor- und Zuname der Geschäftsführer/Vorstände, vollständige Postanschrift, auch die Handelsregister-Nummer).
Suchen Sie auch nach Hinweisen, ob und für welche Person
eine Anerkennung aufgrund der Insolvenzordnung vorliegt.
Wichtig ist außerdem, ob das Leistungsangebot klar beschrieben und die jeweiligen Kosten deutlich gemacht werden. Das Leistungsangebot sollte die in Frage kommenden
Maßnahmen im Einzelnen benennen und rechtliche sowie
wirtschaftliche Beratungsleistungen mit umfassen. Wird
Verbraucherinsolvenzberatung angeboten, sollte die Hilfe-
stellung für das Ausfüllen des Insolvenzantrages im Leistungsangebot mit enthalten sein.

6

Wichtige Anschriften

Verbraucherzentralen

**Verbraucherzentrale Bundes-
verband e.V.**
Markgrafenstr. 66
10969 Berlin
Tel.: (030) 2 58 00-0
Fax: (030) 2 58 00-218
info@vzbv.de
www.vzbv.de

**Verbraucherzentrale Baden-
Württemberg e.V.**
Paulinenstraße 47
70178 Stuttgart
Tel.: (07 11) 66 91-10
Fax: (07 11) 66 91-50
info@vz-bw.de
www.verbraucherzentrale-
bawue.de

**Verbraucherzentrale
Bayern e.V.**
Mozartstraße 9
80336 München
Tel.: (089) 5 39 87-0
Fax: (089) 53 75 53
info@vz-bayern.de
www.verbraucherzentrale-
bayern.de

**Verbraucherzentrale
Berlin e.V.**
Hardenbergplatz 2
10623 Berlin
Tel.: (030) 2 14 85-0
Fax: (030) 2 11 72 01
mail@verbraucherzentrale-
berlin.de
www.verbraucherzentrale-
berlin.de

**Verbraucherzentrale
Brandenburg e.V.**
Templiner Straße 21
14473 Potsdam
Tel.: (03 31) 2 98 71-0
Fax: (03 31) 2 98 71-77
info@vzb.de
www.vzb.de

**Verbraucherzentrale
Bremen e.V.**
Altenweg 4
28195 Bremen
Tel.: (04 21) 1 60 77-7
Fax: (04 21) 1 60 77-80
info@verbraucherzentrale-
bremen.de
www.verbraucherzentrale-
bremen.de

**Verbraucherzentrale
Hamburg e.V.**
Kirchenallee 22
20099 Hamburg
Tel.: (040) 2 48 32-0
Fax: (040) 2 48 32-290
info@vzhh.de
www.vzhh.de

**Verbraucherzentrale
Hessen e.V.**
Große Friedberger
Straße 13–17
60313 Frankfurt/Main
Tel.: (069) 97 20 10-0
Fax: (069) 97 20 10-50
vzh@verbraucher.de
www.verbraucher.de

**Verbraucherzentrale Meck-
lenburg-Vorpommern e.V.**
Strandstraße 98
18055 Rostock
Tel.: (03 81) 2 08 70 50
Fax: (03 81) 2 08 70 30
info@nvzmv.de
www.nvzmv.de

**Verbraucherzentrale
Niedersachsen e.V.**
Herrenstraße 14
30159 Hannover
Tel.: (05 11) 9 11 96-0
Fax: (05 11) 9 11 96-10
info@vzniedersachsen.de
www.verbraucherzentrale-
niedersachsen.de

**Verbraucherzentrale
Nordrhein-Westfalen e.V.**
Mintropstraße 27
40215 Düsseldorf
Tel.: (02 11) 38 09-0
Fax: (02 11) 38 09-172
vz.nrw@vz-nrw.de
www.vz-nrw.de

6

**Verbraucherzentrale
Rheinland-Pfalz e.V.**
Seppel-Glückert-Passage 10
55116 Mainz
Tel.: (06 31) 28 48-0
Fax: (06 31) 28 48-66
info@vz-rlp.de
www.verbraucherzentrale-
rlp.de

Verbraucherzentrale
des Saarlands e.V.
Haus der Beratung
Trierer Straße 22
66111 Saarbrücken
Tel.: (06 81) 5 00 89-0
Fax: (06 81) 5 00 89-22
vz-saar@vz-saar.de
www.vz-saar.de

Verbraucherzentrale
Sachsen e.V.
Katharinenstraße 17
04109 Leipzig
Tel.: (03 41) 69 62 90
Fax: (03 41) 6 89 28 26
vzs@vzs.de
www.verbraucherzentrale-
sachsen.de

Verbraucherzentrale
Sachsen-Anhalt e.V.
Steinbockgasse 1
06108 Halle
Tel.: (03 45) 2 98 03-29
Fax: (03 45) 2 98 03-26
vzsa@vzsa.de
www.vzsa.de

Verbraucherzentrale
Schleswig-Holstein e.V.
Andreas-Gayk-Straße 15
24103 Kiel
Tel.: (04 31) 5 90 99-0
Fax: (04 31) 5 90 99-77
info@verbraucherzentrale-
sh.de
www.verbraucherzentrale-
sh.de

Verbraucherzentrale
Thüringen e.V.
Eugen-Richter-Straße 45
99085 Erfurt
Tel.: (03 61) 5 55 14-0
Fax: (03 61) 5 55 14-40
info@vzth.de
www. vzth.de

Schuldnerberatung

Bundesarbeitsgemeinschaft
Schuldnerberatung e.V.
Friedrichsplatz 10
34117 Kassel
Tel.: (0561) 77 10 93

Beschwerdestellen

Private Banken

Bundesverband deutscher
Banken e. V.
Kundenbeschwerdestelle
Postfach 040307
10062 Berlin
Tel: (030) 16 63-31 66
www.bankenombudsmann.de

Volks- und Raiffeisenbanken

Bundesverband der Deut-
schen Volks- und Raiffeisen-
banken
Kundenbeschwerdestelle
Schellingstraße 4
10785 Berlin
Tel.: (030) 20 21-1631, -1632
www.bvr.de

Sparkassen

Deutscher Sparkassen- und
Giroverband
Charlottenstraße 47
10117 Berlin
Tel.: (030) 20 225-1510
kundenbeschwerdestelle@
dsgv.de
www.dsgv.de

Öffentliche Banken

Bundesverband Öffentlicher
Banken Deutschlands, VÖB
Kundenbeschwerdestelle
Postfach 11 02 72
10832 Berlin
Tel.: (030) 81 92-295
ombudsmann@voeb.de
www.voeb.de

6

Musteranträge

P-Konto-Bescheinigung nach § 850 k Abs. 5 ZPO

Bescheinigung

nach § 850k Abs. 5 ZPO über die gemäß § 850k Abs. 2 ZPO
im jeweiligen Kalendermonat nicht erfassten Beträge
auf einem Pfändungsschutzkonto

I. **Bezeichnung der bescheinigenden Person oder Stelle nach § 850k Abs. 5 Satz 2 ZPO**	Name Straße — Hausnummer Postleitzahl — Ort Ansprechpartner Die Bescheinigung wird erteilt als ☐ geeignete Person gemäß § 305 Abs. 1 Nr. 1 InsO ☐ geeignete Stelle gemäß § 305 Abs. 1 Nr. 1 InsO Anerkennende Behörde/ Gericht: _____ Datum des Bescheids:_____ Aktenzeichen: _____ ☐ Arbeitgeber ☐ Sozialleistungsträger ☐ Familienkasse
II. **Angaben zum Kontoinhaber und Pfändungsschutzkonto**	Kontoinhaber — Geburtsdatum Anschrift Kreditinstitut — Kontonummer

III. **Ermittlung des pfändungsfreien Betrages**	☒ **Grundfreibetrag des Schuldners (= Kontoinhaber) derzeit**[1] (§ 850k Abs. 1 Satz 1 ZPO in Verbindung mit § 850c Abs. 1 S. 1 u. Abs. 2a ZPO)	1.028,89 €
	☐ **Weiterer Freibetrag derzeit**[1] **in Höhe von 387,22 € für die erste Person,** der aufgrund Gesetzes Unterhalt gewährt wird (§ 850k Abs. 2 Nr. 1a ZPO) oder für die der Schuldner Leistungen nach SGB II / XII entgegennimmt (§ 850k Abs. 2 Nr. 1b ZPO) in Höhe von	
	☐ **Weiterer Freibetrag derzeit**[1] **in Höhe von jeweils 215,73 €** **für** ☐ **eine** ☐ **zwei** ☐ **drei** ☐ **vier weitere Person(en),** der aufgrund Gesetzes Unterhalt gewährt wird (§ 850k Abs. 2 Nr. 1a ZPO) oder für die der Schuldner Leistungen nach SGB II / XII entgegennimmt (§ 850k Abs. 2 Nr. 1b ZPO) in Höhe von	
	☐ **Laufende Geldleistungen** zum Ausgleich des durch einen Körper- oder Gesundheitsschaden bedingten Mehraufwandes (§ 850k Abs. 2 ZPO in Verbindung mit § 54 Abs. 3 Nr. 3 SGB I) in Höhe von	
	☐ **Kindergeld für** (§ 850k Abs. 2 Satz 1 Nr. 3 ZPO) ☐ Kind 1 geboren im Monat/Jahr / in Höhe ☐ Kind 2 geboren im Monat/Jahr / in Höhe ☐ Kind 3 geboren im Monat/Jahr / in Höhe ☐ Kind 4 geboren im Monat/Jahr / in Höhe ☐ Kind 5 geboren im Monat/Jahr / in Höhe ☐ weitere Kinder[2] (Anzahl) in Höhe in Höhe von	
	☐ **Andere Geldleistung(en) für Kinder** - z. B. Kinderzuschlag und vergleichbare Rentenbestandteile (§ 850k Abs. 2 Nr. 3 ZPO) in Höhe von	
	Pfandfreier monatlicher Sockelbetrag	
	☐ **Einmalige Sozialleistungen** (§ 850k Abs. 2 Nr. 2 ZPO) in Höhe von	+

_____   _____
(Ort, Datum)   (Unterschrift/ Stempel der bescheinigenden Person oder Stelle)

[1] die Freibeträge können sich jeweils zum 1.7. in den ungeraden Jahren ändern
[2] sind auf einem Zusatzblatt gesondert aufgelistet

© Arbeitsgemeinschaft Schuldnerberatung der Verbände (AG SBV) vom 9.02.2010
in Absprache mit dem Zentralen Kreditausschuss (ZKA) – Stand: 1.07.2011

Antrag auf Verfahrenskostenstundung

Antrag auf Verfahrenskostenstundung

Aktenzeichen des Gerichts
(soweit bekannt)

Antragsteller/in:

Name: _____

Vorname: _____

Straße: _____

PLZ und Ort: _____

Ich beantrage die Bewilligung der Verfahrenskostenstundung.

☐ Ich bin <u>nicht</u> wegen einer Straftat nach den §§ 283 bis 283c des Strafgesetzbuches, also wegen Bankrott, besonders schwerem Bankrott, Verletzung der Buchführungspflicht, Gläubigerbegünstigung rechtskräftig verurteilt worden.

☐ In den letzten zehn Jahren vor meinem Eröffnungsantrag oder danach ist mir weder die Restschuldbefreiung erteilt noch versagt worden (ausgenommen die Versagung der Restschuldbefreiung wegen Nichtdeckung der Mindestvergütung des Treuhänders gem. § 298 InsO).

Mir ist bekannt, dass die Stundung nur dann bewilligt werden kann, wenn die entstehenden Verfahrenskosten weder aus meinem Vermögen gezahlt werden können noch ein Dritter zur Übernahme der entstehenden Verfahrenskosten bereit ist.

Die Verfahrenskosten können aus meinem Vermögen nicht erbracht werden.   ☐ siehe beiliegende Unterlagen

Die Verfahrenskosten können von einer dritten Person (Stelle) übernommen werden.   ☐ nein   ☐ ja in voller Höhe

☐ ja in Höhe von   EUR

Meine Vermögensverhältnisse ergeben sich aus

☐ dem beigefügten Antrag gemäß § 305 InsO und den zugehörigen Anlagen.

☐ den beigefügten Unterlagen.

Ein Restschuldbefreiungsantrag

☐ ist bereits gestellt.

☐ ist beigefügt.

Ich versichere hiermit, dass meine Angaben vollständig und wahr sind. Mir ist bekannt, dass vorsätzliche Falschangaben strafbar sein können.

_____   _____
Ort, Datum   Unterschrift

6

Pfändungstabelle

Monatliches Einkommen (netto)	Pfändbarer Betrag nach Anzahl unterhaltspflichtiger Personen					
	0 Personen	1 Person	2 Personen	3 Personen	4 Personen	5 Personen
bis 1.028,89	0,00	0,00	0,00	0,00	0,00	0,00
1.030,00	0,78	0,00	0,00	0,00	0,00	0,00
1.040,00	7,78	0,00	0,00	0,00	0,00	0,00
1.050,00	14,78	0,00	0,00	0,00	0,00	0,00
1.060,00	21,78	0,00	0,00	0,00	0,00	0,00
1.070,00	28,78	0,00	0,00	0,00	0,00	0,00
1.080,00	35,78	0,00	0,00	0,00	0,00	0,00
1.090,00	42,78	0,00	0,00	0,00	0,00	0,00
1.100,00	49,78	0,00	0,00	0,00	0,00	0,00
1.110,00	56,78	0,00	0,00	0,00	0,00	0,00
1.120,00	63,78	0,00	0,00	0,00	0,00	0,00
1.130,00	70,78	0,00	0,00	0,00	0,00	0,00
1.140,00	77,78	0,00	0,00	0,00	0,00	0,00
1.150,00	84,78	0,00	0,00	0,00	0,00	0,00
1.160,00	91,78	0,00	0,00	0,00	0,00	0,00
1.170,00	98,78	0,00	0,00	0,00	0,00	0,00
1.180,00	105,78	0,00	0,00	0,00	0,00	0,00
1.190,00	112,78	0,00	0,00	0,00	0,00	0,00
1.200,00	119,78	0,00	0,00	0,00	0,00	0,00
1.210,00	126,78	0,00	0,00	0,00	0,00	0,00
1.220,00	133,78	0,00	0,00	0,00	0,00	0,00
1.230,00	140,78	0,00	0,00	0,00	0,00	0,00
1.240,00	147,78	0,00	0,00	0,00	0,00	0,00

In der Tabelle sind unpfändbare oder nur teilweise pfändbare Einkommensbestandteile nicht berücksichtigt. Werte voraussichtlich gültig bis 30. Juni 2013.

Pfändungstabelle

Monatliches Einkommen (netto)	Pfändbarer Betrag nach Anzahl unterhaltspflichtiger Personen					
	0 Personen	1 Person	2 Personen	3 Personen	4 Personen	5 Personen
1.250,00	154,78	0,00	0,00	0,00	0,00	0,00
1.260,00	161,78	0,00	0,00	0,00	0,00	0,00
1.270,00	168,78	0,00	0,00	0,00	0,00	0,00
1.280,00	175,78	0,00	0,00	0,00	0,00	0,00
1.290,00	182,78	0,00	0,00	0,00	0,00	0,00
1.300,00	189,78	0,00	0,00	0,00	0,00	0,00
1.310,00	196,78	0,00	0,00	0,00	0,00	0,00
1.320,00	203,78	0,00	0,00	0,00	0,00	0,00
1.330,00	210,78	0,00	0,00	0,00	0,00	0,00
1.340,00	217,78	0,00	0,00	0,00	0,00	0,00
1.350,00	224,78	0,00	0,00	0,00	0,00	0,00
1.360,00	231,78	0,00	0,00	0,00	0,00	0,00
1.370,00	238,78	0,00	0,00	0,00	0,00	0,00
1.380,00	245,78	0,00	0,00	0,00	0,00	0,00
1.390,00	252,78	0,00	0,00	0,00	0,00	0,00
1.400,00	259,78	0,00	0,00	0,00	0,00	0,00
1.410,00	266,78	0,00	0,00	0,00	0,00	0,00
1.420,00	273,78	1,95	0,00	0,00	0,00	0,00
1.430,00	280,78	6,95	0,00	0,00	0,00	0,00
1.440,00	287,78	11,95	0,00	0,00	0,00	0,00
1.450,00	294,78	16,95	0,00	0,00	0,00	0,00
1.460,00	301,78	21,95	0,00	0,00	0,00	0,00
1.470,00	308,78	26,95	0,00	0,00	0,00	0,00
1.480,00	315,78	31,95	0,00	0,00	0,00	0,00

In der Tabelle sind unpfändbare oder nur teilweise pfändbare Einkommensbestandteile nicht berücksichtigt. Werte voraussichtlich gültig bis 30. Juni 2013.

Pfändungstabelle

Monatliches Einkommen (netto)	Pfändbarer Betrag nach Anzahl unterhaltspflichtiger Personen					
	0 Personen	1 Person	2 Personen	3 Personen	4 Personen	5 Personen
1.490,00	322,78	36,95	0,00	0,00	0,00	0,00
1.500,00	329,78	41,95	0,00	0,00	0,00	0,00
1.510,00	336,78	46,95	0,00	0,00	0,00	0,00
1.520,00	343,78	51,95	0,00	0,00	0,00	0,00
1.530,00	350,78	56,95	0,00	0,00	0,00	0,00
1.540,00	357,78	61,95	0,00	0,00	0,00	0,00
1.550,00	364,78	66,95	0,00	0,00	0,00	0,00
1.560,00	371,78	71,95	0,00	0,00	0,00	0,00
1.570,00	378,78	76,95	0,00	0,00	0,00	0,00
1.580,00	385,78	81,95	0,00	0,00	0,00	0,00
1.590,00	392,78	86,95	0,00	0,00	0,00	0,00
1.600,00	399,78	91,95	0,00	0,00	0,00	0,00
1.610,00	406,78	96,95	0,00	0,00	0,00	0,00
1.620,00	413,78	101,95	0,00	0,00	0,00	0,00
1.630,00	420,78	106,95	0,00	0,00	0,00	0,00
1.640,00	427,78	111,95	3,26	0,00	0,00	0,00
1.650,00	434,78	116,95	7,26	0,00	0,00	0,00
1.660,00	441,78	121,95	11,26	0,00	0,00	0,00
1.670,00	448,78	126,95	15,26	0,00	0,00	0,00
1.680,00	455,78	131,95	19,26	0,00	0,00	0,00
1.690,00	462,78	136,95	23,26	0,00	0,00	0,00
1.700,00	469,78	141,95	27,26	0,00	0,00	0,00
1.710,00	476,78	146,95	31,26	0,00	0,00	0,00
1.720,00	483,78	151,95	35,26	0,00	0,00	0,00

In der Tabelle sind unpfändbare oder nur teilweise pfändbare Einkommensbestandteile nicht berücksichtigt. Werte voraussichtlich gültig bis 30. Juni 2013.

Pfändungstabelle

Monatliches Einkommen (netto)	Pfändbarer Betrag nach Anzahl unterhaltspflichtiger Personen					
	0 Personen	1 Person	2 Personen	3 Personen	4 Personen	5 Personen
1.730,00	490,78	156,95	39,26	0,00	0,00	0,00
1.740,00	497,78	161,95	43,26	0,00	0,00	0,00
1.750,00	504,78	166,95	47,26	0,00	0,00	0,00
1.760,00	511,78	171,95	51,26	0,00	0,00	0,00
1.770,00	518,78	176,95	55,26	0,00	0,00	0,00
1.780,00	525,78	181,95	59,26	0,00	0,00	0,00
1.790,00	532,78	186,95	63,26	0,00	0,00	0,00
1.800,00	539,78	191,95	67,26	0,00	0,00	0,00
1.810,00	546,78	196,95	71,26	0,00	0,00	0,00
1.820,00	553,78	201,95	75,26	0,00	0,00	0,00
1.830,00	560,78	206,95	79,26	0,00	0,00	0,00
1.840,00	567,78	211,95	83,26	0,00	0,00	0,00
1.850,00	574,78	216,95	87,26	0,73	0,00	0,00
1.860,00	581,78	221,95	91,26	3,73	0,00	0,00
1.870,00	588,78	226,95	95,26	6,73	0,00	0,00
1.880,00	595,78	231,95	99,26	9,73	0,00	0,00
1.890,00	602,78	236,95	103,26	12,73	0,00	0,00
1.900,00	609,78	241,95	107,26	15,73	0,00	0,00
1.910,00	616,78	246,95	111,26	18,73	0,00	0,00
1.920,00	623,78	251,95	115,26	21,73	0,00	0,00
1.930,00	630,78	256,95	119,26	24,73	0,00	0,00
1.940,00	637,78	261,95	123,26	27,73	0,00	0,00
1.950,00	644,78	266,95	127,26	30,73	0,00	0,00
1.960,00	651,78	271,95	131,26	33,73	0,00	0,00

In der Tabelle sind unpfändbare oder nur teilweise pfändbare Einkommensbestandteile nicht berücksichtigt. Werte voraussichtlich gültig bis 30. Juni 2013.

Pfändungstabelle

Monatliches Einkommen (netto)	Pfändbarer Betrag nach Anzahl unterhaltspflichtiger Personen					
	0 Personen	1 Person	2 Personen	3 Personen	4 Personen	5 Personen
1.970,00	658,78	276,95	135,26	36,73	0,00	0,00
1.980,00	665,78	281,95	139,26	39,73	0,00	0,00
1.990,00	672,78	286,95	143,26	42,73	0,00	0,00
2.000,00	679,78	291,95	147,26	45,73	0,00	0,00
2.010,00	686,78	296,95	151,26	48,73	0,00	0,00
2.020,00	693,78	301,95	155,26	51,73	0,00	0,00
2.030,00	700,78	306,95	159,26	54,73	0,00	0,00
2.040,00	707,78	311,95	163,26	57,73	0,00	0,00
2.050,00	714,78	316,95	167,26	60,73	0,00	0,00
2.060,00	721,78	321,95	171,26	63,73	0,00	0,00
2.070,00	728,78	326,95	175,26	66,73	1,34	0,00
2.080,00	735,78	331,95	179,26	69,73	3,34	0,00
2.090,00	742,78	336,95	183,26	72,73	5,34	0,00
2.100,00	749,78	341,95	187,26	75,73	7,34	0,00
2.110,00	756,78	346,95	191,26	78,73	9,34	0,00
2.120,00	763,78	351,95	195,26	81,73	11,34	0,00
2.130,00	770,78	356,95	199,26	84,73	13,34	0,00
2.140,00	777,78	361,95	203,26	87,73	15,34	0,00
2.150,00	784,78	366,95	207,26	90,73	17,34	0,00
2.160,00	791,78	371,95	211,26	93,73	19,34	0,00
2.170,00	798,78	376,95	215,26	96,73	21,34	0,00
2.180,00	805,78	381,95	219,26	99,73	23,34	0,00
2.190,00	812,78	386,95	223,26	102,73	25,34	0,00
2.200,00	819,78	391,95	227,26	105,73	27,34	0,00

In der Tabelle sind unpfändbare oder nur teilweise pfändbare Einkommensbestandteile nicht berücksichtigt. Werte voraussichtlich gültig bis 30. Juni 2013.

Pfändungstabelle

Monatliches Einkommen (netto)	Pfändbarer Betrag nach Anzahl unterhaltspflichtiger Personen					
	0 Personen	1 Person	2 Personen	3 Personen	4 Personen	5 Personen
2.210,00	826,78	396,95	231,26	108,73	29,34	0,00
2.220,00	833,78	401,95	235,26	111,73	31,34	0,00
2.230,00	840,78	406,95	239,26	114,73	33,34	0,00
2.240,00	847,78	411,95	243,26	117,73	35,34	0,00
2.250,00	854,78	416,95	247,26	120,73	37,34	0,00
2.260,00	861,78	421,95	251,26	123,73	39,34	0,00
2.270,00	868,78	426,95	255,26	126,73	41,34	0,00
2.280,00	875,78	431,95	259,26	129,73	43,34	0,10
2.290,00	882,78	436,95	263,26	132,73	45,34	1,10
2.300,00	889,78	441,95	267,26	135,73	47,34	2,10
2.310,00	896,78	446,95	271,26	138,73	49,34	3,10
2.320,00	903,78	451,95	275,26	141,73	51,34	4,10
2.330,00	910,78	456,95	279,26	144,73	53,34	5,10
2.340,00	917,78	461,95	283,26	147,73	55,34	6,10
2.350,00	924,78	466,95	287,26	150,73	57,34	7,10
2.360,00	931,78	471,95	291,26	153,73	59,34	8,10
2.370,00	938,78	476,95	295,26	156,73	61,34	9,10
2.380,00	945,78	481,95	299,26	159,73	63,34	10,10
2.390,00	952,78	486,95	303,26	162,73	65,34	11,10
2.400,00	959,78	491,95	307,26	165,73	67,34	12,10
2.410,00	966,78	496,95	311,26	168,73	69,34	13,10
2.420,00	973,78	501,95	315,26	171,73	71,34	14,10
2.430,00	980,78	506,95	319,26	174,73	73,34	15,10
2.440,00	987,78	511,95	323,26	177,73	75,34	16,10

In der Tabelle sind unpfändbare oder nur teilweise pfändbare Einkommensbestandteile nicht berücksichtigt. Werte voraussichtlich gültig bis 30. Juni 2013.

Pfändungstabelle

Monatliches Einkommen (netto)	Pfändbarer Betrag nach Anzahl unterhaltspflichtiger Personen					
	0 Personen	1 Person	2 Personen	3 Personen	4 Personen	5 Personen
2.450,00	994,78	516,95	327,26	180,73	77,34	17,10
2.460,00	1.001,78	521,95	331,26	183,73	79,34	18,10
2.470,00	1.008,78	526,95	335,26	186,73	81,34	19,10
2.480,00	1.015,78	531,95	339,26	189,73	83,34	20,10
2.490,00	1.022,78	536,95	343,26	192,73	85,34	21,10
2.500,00	1.029,78	541,95	347,26	195,73	87,34	22,10
2.510,00	1.036,78	546,95	351,26	198,73	89,34	23,10
2.520,00	1.043,78	551,95	355,26	201,73	91,34	24,10
2.530,00	1.050,78	556,95	359,26	204,73	93,34	25,10
2.540,00	1.057,78	561,95	363,26	207,73	95,34	26,10
2.550,00	1.064,78	566,95	367,26	210,73	97,34	27,10
2.560,00	1.071,78	571,95	371,26	213,73	99,34	28,10
2.570,00	1.078,78	576,95	375,26	216,73	101,34	29,10
2.580,00	1.085,78	581,95	379,26	219,73	103,34	30,10
2.590,00	1.092,78	586,95	383,26	222,73	105,34	31,10
2.600,00	1.099,78	591,95	387,26	225,73	107,34	32,10
2.610,00	1.106,78	596,95	391,26	228,73	109,34	33,10
2.620,00	1.113,78	601,95	395,26	231,73	111,34	34,10
2.630,00	1.120,78	606,95	399,26	234,73	113,34	35,10
2.640,00	1.127,78	611,95	403,26	237,73	115,34	36,10
2.650,00	1.134,78	616,95	407,26	240,73	117,34	37,10
2.660,00	1.141,78	621,95	411,26	243,73	119,34	38,10
2.670,00	1.148,78	626,95	415,26	246,73	121,34	39,10
2.680,00	1.155,78	631,95	419,26	249,73	123,34	40,10

In der Tabelle sind unpfändbare oder nur teilweise pfändbare Einkommensbestandteile nicht berücksichtigt. Werte voraussichtlich gültig bis 30. Juni 2013.

Pfändungstabelle

Monatliches Einkommen (netto)	Pfändbarer Betrag nach Anzahl unterhaltspflichtiger Personen					
	0 Personen	1 Person	2 Personen	3 Personen	4 Personen	5 Personen
2.690,00	1.162,78	636,95	423,26	252,73	125,34	41,10
2.700,00	1.169,78	641,95	427,26	255,73	127,34	42,10
2.710,00	1.176,78	646,95	431,26	258,73	129,34	43,10
2.720,00	1.183,78	651,95	435,26	261,73	131,34	44,10
2.730,00	1.190,78	656,95	439,26	264,73	133,34	45,10
2.740,00	1.197,78	661,95	443,26	267,73	135,34	46,10
2.750,00	1.204,78	666,95	447,26	270,73	137,34	47,10
2.760,00	1.211,78	671,95	451,26	273,73	139,34	48,10
2.770,00	1.218,78	676,95	455,26	276,73	141,34	49,10
2.780,00	1.225,78	681,95	459,26	279,73	143,34	50,10
2.790,00	1.232,78	686,95	463,26	282,73	145,34	51,10
2.800,00	1.239,78	691,95	467,26	285,73	147,34	52,10
2.810,00	1.246,78	696,95	471,26	288,73	149,34	53,10
2.820,00	1.253,78	701,95	475,26	291,73	151,34	54,10
2.830,00	1.260,78	706,95	479,26	294,73	153,34	55,10
2.840,00	1.267,78	711,95	483,26	297,73	155,34	56,10
2.850,00	1.274,78	716,95	487,26	300,73	157,34	57,10
2.860,00	1.281,78	721,95	491,26	303,73	159,34	58,10
2.870,00	1.288,78	726,95	495,26	306,73	161,34	59,10
2.880,00	1.295,78	731,95	499,26	309,73	163,34	60,10
2.890,00	1.302,78	736,95	503,26	312,73	165,34	61,10
2.900,00	1.309,78	741,95	507,26	315,73	167,34	62,10
2.910,00	1.316,78	746,95	511,26	318,73	169,34	63,10
2.920,00	1.323,78	751,95	515,26	321,73	171,34	64,10

In der Tabelle sind unpfändbare oder nur teilweise pfändbare Einkommensbestandteile nicht berücksichtigt. Werte voraussichtlich gültig bis 30. Juni 2013.

6

Pfändungstabelle

Monatliches Einkommen (netto)	Pfändbarer Betrag nach Anzahl unterhaltspflichtiger Personen					
	0 Personen	1 Person	2 Personen	3 Personen	4 Personen	5 Personen
2.930,00	1.330,78	756,95	519,26	324,73	173,34	65,10
2.940,00	1.337,78	761,95	523,26	327,73	175,34	66,10
2.950,00	1.344,78	766,95	527,26	330,73	177,34	67,10
2.960,00	1.351,78	771,95	531,26	333,73	179,34	68,10
2.970,00	1.358,78	776,95	535,26	336,73	181,34	69,10
2.980,00	1.365,78	781,95	539,26	339,73	183,34	70,10
2.990,00	1.372,78	786,95	543,26	342,73	185,34	71,10
3.000,00	1.379,78	791,95	547,26	345,73	187,34	72,10
3.010,00	1.386,78	796,95	551,26	348,73	189,34	73,10
3.020,00	1.393,78	801,95	555,26	351,73	191,34	74,10
3.030,00	1.400,78	806,95	559,26	354,73	193,34	75,10
3.040,00	1.407,78	811,95	563,26	357,73	195,34	76,10
3.050,00	1.414,78	816,95	567,26	360,73	197,34	77,10
3.060,00	1.421,78	821,95	571,26	363,73	199,34	78,10
3.070,00	1.428,78	826,95	575,26	366,73	201,34	79,10
3.080,00	1.435,78	831,95	579,26	369,73	203,34	80,10
3.090,00	1.442,78	836,95	583,26	372,73	205,34	81,10
3.100,00	1.449,78	841,95	587,26	375,73	207,34	82,10
3.110,00	1.456,78	846,95	591,26	378,73	209,34	83,10
3.120,00	1.463,78	851,95	595,26	381,73	211,34	84,10
3.130,00	1.470,78	856,95	599,26	384,73	213,34	85,10
3.140,00	1.477,78	861,95	603,26	387,73	215,34	86,10
3.150,00	1.484,78	866,95	607,26	390,73	217,34	87,10

Alle Beträge über 3.150 Euro sind voll pfändbar.

In der Tabelle sind unpfändbare oder nur teilweise pfändbare Einkommensbestandteile nicht berücksichtigt. Werte voraussichtlich gültig bis 30. Juni 2013.

Stichwortverzeichnis

6

Impressum

Herausgeber

Verbraucherzentrale Nordrhein-Westfalen e.V.
Mintropstraße 27, 40215 Düsseldorf
Telefon: (02 11) 38 09-555, Telefax: (02 11) 38 09-235
ratgeber@vz-nrw.de
www.vz-nrw.de

Mitherausgeber

Verbraucherzentrale Bundesverband e.V.
Markgrafenstraße 66, 10969 Berlin
Telefon: (0 30) 2 58 00-0, Telefax: (0 30) 2 58 00-218
www.vzbv.de

Verbraucherzentrale Baden-Württemberg
Paulinenstraße 47, 70178 Stuttgart
Telefon: (07 11) 66 91-10, Telefax: (07 11) 66 91-50,
www.verbraucherzentrale-bawue.de

Verbraucherzentrale Hamburg e.V.
Kirchenallee 22, 20099 Hamburg
Telefon: (0 40) 2 48 32-0, Telefax: (0 40) 2 48 32-290
www.vzhh.de

Verbraucherzentrale Niedersachsen e.V.
Herrenstraße 14, 30159 Hannover
Telefon: (05 11) 9 11 96-0, Telefax: (05 11) 9 11 96-10
www.vzniedersachsen.de

Text	Gigi Deppe; aktuelle Überarbeitung: Bernd Jaquemoth, Dr. Mechthild Winkelmann
Koordination	Kathrin Nick
Lektorat	Dr. Mechthild Winkelmann
Fachliche Betreuung	Stefanie Laag, Birgit Hoeltgen, Pamela Wellmann
Gesamtproduktion	HPPR Werbeagentur, Neuss, www.hppr.de
Titelbild	da vinci design GmbH, Berlin
Illustrationen	Rüdiger Trebels, Düsseldorf
Druck	AALEXX Buchproduktion GmbH, Großburgwedel; gedruckt auf 100 % Recyclingpapier
Redaktionsschluss	Juli 2012

Noch Fragen?
Die Beratung der Verbraucherzentralen

Unser Plus für Sie!

Hoffentlich haben Ihnen die Informationen in diesem Ratgeber weitergeholfen. Wenn Sie noch Fragen haben ... Die Expertinnen und Experten der Verbraucherzentrale beraten Sie individuell, kompetent und unabhängig:

- in Ihrer Beratungsstelle vor Ort,
- am Telefon oder
- im Internet

! Wir beraten zum Beispiel zu:

⋯→ Banken und Geldanlagen
⋯→ Baufinanzierung
⋯→ Energie
⋯→ Ernährung
⋯→ Haushalt, Freizeit, Telekommunikation
⋯→ Kreditrecht, Schuldner- und Insolvenzverfahren
⋯→ Patientenrechten und Gesundheitsdienstleistungen
⋯→ Reiserecht
⋯→ Versicherungen

www.

Unter www.verbraucherzentrale.de finden Sie das vollständige Beratungsangebot in Ihrem Bundesland.

Oder Sie nehmen direkt Kontakt mit Ihrer Verbraucherzentrale auf: Die Adressen finden Sie auf Seite 194 ff.

Nutzen Sie unser Beratungsangebot und treffen Sie mit unserer Unterstützung die richtigen Entscheidungen. Wir sind für Sie da!

Hier können wir Ihnen nur eine kleine Auswahl aus unserem umfangreichen Ratgeberprogramm vorstellen. Mehr als 100 aktuelle Titel halten wir für Sie bereit. Auf Wunsch senden wir Ihnen gern ein Gesamtverzeichnis zu. Zu den genannten Preisen (Stand: Juli 2012) kommen noch Porto und Versandkosten.

Das Haushaltsbuch |1|

Ein Haushaltsbuch zu führen scheint im Elektronikzeitalter überholt zu sein. Doch weit gefehlt! Denn das Finanzmanagement im »Unternehmen Haushalt« ist von vielfältigen und komplizierten Abläufen und Verpflichtungen geprägt. Mit dem Haushaltsbuch bekommen Sie einen Überblick über Ihre Einnahmen und Ausgaben und viele Tipps zum Geld sparen und verwalten.

18. Auflage 2012, 88 Seiten, 5,90 €

Kreative Resteküche |2|

Wie oft bleibt nach einer Mahlzeit etwas übrig, oder man stellt erst nach dem Einkauf fest, dass von der einen oder anderen Zutat noch reichlich im Haus ist! Der Ratgeber bietet praktische Anregungen, Übersichten, Rezepte mit Varianten und viele Tipps fürs kreative Verwerten guter Lebensmittel – und für die Schonung des Geldbeutels.

1. Auflage 2010, 232 Seiten, 9,90 €

Mietnebenkosten |3|

Wenn die Nebenkostenabrechnung im Briefkasten liegt, schlägt manchem Mieter das Herz bis zum Hals. Muss ich das wirklich alles bezahlen? Sind alle Posten richtig berechnet und verteilt worden? Der Ratgeber zeigt, wie eine korrekte Abrechnung aussehen muss und wie sich Mieter bei Konflikten und Fehlern wehren können.

2. Auflage 2012, 208 Seiten, 11,90 €

Mietminderung bei Wohnungsmängeln |4|

Lärm, Feuchtigkeitsschäden, Schäden am Haus, in der Wohnung oder an technischen Anlagen – in Millionen von Mietwohnungen gibt es solche und andere Mängel. Der Ratgeber in Kooperation mit dem Deutschen Mieterbund zeigt Mietern, was sie beachten müssen, wenn sie die Miete aufgrund von Mängeln kürzen wollen.

1. Auflage 2012, 208 Seiten, 11,90 €

Trennung, Scheidung und die finanziellen Folgen |5|

Etwa 40 Prozent aller Ehen gehen über kurz oder lang auseinander. Bei einer Scheidung geht es neben sorge- und unterhaltsrechtlichen Fragen vor allem um das Vermögen und seine Aufteilung. Der Ratgeber informiert über Vermögens- und Versorgungsausgleich, erb- und steuerrechtliche Fragen und Organisation der Finanzen.

1. Auflage 2011, 192 Seiten, 11,90 €

Mein Anspruch auf Sozialleistungen |6|

Ob Sozialhilfe, Wohngeld, Kindergeld oder Opferentschädigung: Für unterschiedliche Lebenssituationen hält der Staat öffentliche Mittel bereit. Dieser Ratgeber informiert über Leistungen bei Arbeitslosigkeit, Ansprüche im Krankheitsfall und bei Arbeitsunfällen, Behinderung und Pflegebedürftigkeit, Leistungen für Hinterbliebene und vieles mehr.

3. Auflage 2011, 240 Seiten, 9,90 €

Hartz IV |7|

Arbeitslosengeld II, Sozialgeld und Kinderzuschläge – alle wichtigen Leistungen auf dem neuesten Stand. Dieser Ratgeber informiert über die neuen Regelsätze für Erwachsene und Kinder, das Bildungspaket für Kinder und Jugendliche und alle weiteren Ansprüche auf Leistungen bei Arbeitslosigkeit. Mit Tipps zum Ausfüllen der Antragsvordrucke und zum Widerspruch bei Ablehnung von Leistungen.

5. Auflage 2011, 192 Seiten, 9,90 €